教育のプロがすすめる

選択する学び

教師の指導も、生徒の意欲も向上！

マイク・エンダーソン
吉田新一郎 訳

新評論

まえがき

息子のイーサンは、熱心に勉強するような子どもではありません。実際、意図的に取り組むといった選択をすることはまずありません。あまりにも怠慢なので、彼は学校でも努力しなければならないことをできるだけ少なく済ませるようにしているようです。やる気になりさえすれば、彼はもっと多くのことが確実にできるので、教師たちや両親である私たちにとっては欲求不満の原因ともなっています。

面白いことにイーサンは、かつてはすごくやる気のある子どもでした。五歳のとき、彼はさまざまなプロジェクトを考えて、何時間もそれに費やしていました。たとえば、トイレットペーパーロールとパイプクリーナー(1)でラジオをつくったり、ヘビやほかの動物を描いたり、ビー玉で複雑な構造物をつくったりしていました。

八歳のときには、私が寝かしつける際に五か月をかけて読んであげた長編小説の『ロード・オブ・ザ・リング（指輪物語）』（一一〇〇ページもある！）を、自分一人で読み切ってもいます。

（1）子どもの遊ぶ工作材料で、毛に覆われた針金です。

また、一二歳のときには、「クレル教授」と名づけたペットのヘビの模様をベースに、オレンジの色調で冬用の素敵な帽子を編みました。そして一三歳では、自分の好きなファンタジーやディストピア小説[2]をモデルにして、自分の物語を書いて興奮していました。

現時点でイーサンが打ち込んでいるのは、ルービックキューブを解くことです。従兄弟に詳しい説明と数学的な問題を解くための手順を教えてもらい、そのスキルを練習することで、一分以内に六面が完成できるようになりました。

ここに挙げた例からしても、息子がかなり難度の高い学習課題に粘り強く取り組めることは明らかです。ところが、学校の勉強となると、さまざまな形で「これ何⁉」という態度をとります。とはいえ、時には彼の興味をかきたてることもあるようです。六年生のとき、理科の宿題がイーサンのやる気と学ぶ意欲をかき立てました。

子どもたちは細胞について学んでいました。授業で学んだことを自分のものにするために教師は、自宅で名称を入れながら細胞の図を描くという課題を出しました[3]。これをするために教師は、いくつかの選択肢を提供しました。子どもたちは、鉛筆かペン、コンピューターのペイントソフト、段ボールの台紙の上に粘土でつくる、あるいは自分で考えた方法でこの課題に取り組みました。

イーサンは、フェルトとビーズを使って各部分の機能を説明する細胞クッションをつくることに決めました。もし、彼が図を描くことを選択していたら、三〇分ぐらいでその宿題を終わらせることができたでしょう。しかし、大がかりな作業をしない代わりに、内容については深く学ぶことができなかったでしょう。

一週間にもわたって彼は、七時間もフェルトの縫い付けに費やし、リボソーム(4)とミトコンドリア(5)の形と、相対的な大きさが適切かどうかと細心の注意を払いながら細胞のモデルをつくろうとしていました。

細部に注意を払っていた彼の姿はとても印象的でした。その成果でしょう。今でも彼は、細胞

---

(2) フィクション作品のジャンル名として用いられる表現で、「現在の文明が滅んだ」という前提のもと、その後の世界（生存者の様子・新文明など）を描いたものです。

(3) 日本でこの課題が出されるときは、それぞれの細胞小器官の形とその役割を書くように指示されるようです。たとえば、リボソームであればだるま型の図と「タンパク質合成」、ミトコンドリアであれば外膜と襞つきの内膜のカプセルの図と「細胞呼吸」という単語です。

(4) リボソームは、あらゆる生物の細胞内に存在する構造であり、数本のRNA分子と五〇種類ほどのタンパク質からなる巨大なRNA（リボ核酸）とタンパクの複合体です。

(5) ミトコンドリアはほとんどすべての生物（動植物や菌類など）の細胞に広く含まれている細胞内構造物の一つです。細胞の構造図を示した図では、たいてい丸いカプセルのような形で描かれています。ミトコンドリアは一つの細胞に（細胞の種類によって違いますが）数十から数万という大変な数が含まれています。

の各部分について詳しく説明できるだけでなく、名称まで正しく覚えています。彼の高いレベルの（極めて密度の濃い！）取り組みによって、深いレベルの学びが可能になったのです。大切なことは、この宿題が彼に「粘り強さ」と「責任」という資質に関して磨く機会を提供したことです。それらの資質は、リボソームについての知識が消え去ったあとでも末長く活用できるものとなります。

イーサンと同じくほとんどの子どもは、学ぶということに対しては内発的に動機づけられるものです。そして、これまたイーサンと同じく、多くの子どもたちは学校で行われる日々の勉強に対して「やる気」を見いだせなくて苦労しています。言うまでもなく、自らとの関連や学ぶ意味が分からないからです。つまり、学校での勉強と個人的にこだわれるものとの結びつきが見いだせないのです。あるいは、勉強の対象があまりにも簡単なために退屈なのか、その逆に、あまりにも難しいためにイライラしてしまうかのいずれかです。さらに、彼らの強みや興味関心が勉強でうまく活用されることもありません。

本書は、生徒自身の内発的な動機づけを利用して取り組みのレベルを高め、学びのレベルを深めるために、適度に挑戦しがいのある活動を見いだすための方法として、「選択する学び」を教師が使いこなせるようにするためのものです。

この「選択する学び」は、長年にわたって私が真剣に考え、かつ実践を続けてきたテーマでもあります。教室で教え続けていた私は、子どもたちに多様な選択肢を提供していました。リーディング・ワークショップやライティング・ワークショップ(6)のなかで、理科や社会科のユニットのなかで、そして日々の算数の指導のなかでも多様な試行錯誤を行い、たくさんの貴重な見識を得ました。

友人でもあり、同僚だったアンディー・ダースィスとの共著で出した最初の本となる『研究の準備ができている教室（The Research-Ready Classroom）』は、子どもたちが個別の研究（探究）プロジェクトに取り組む準備をどのようにしたらいいかについて書いたものです。探究プロジェクト(7)は、まさにワクワクし、挑戦しがいのある選択肢が基本となっています。

私はまた、長年にわたって非営利組織の「子どものためのノースイースト財団（Northeast

---

(6)　これらは、従来の読み書きの指導が機能していないので開発された、生徒の選書と題材選びを中心に据えた教え方・学び方です。それらが、自立した読み手や書き手を育てるうえではもっとも重要ですから。「作家の時間、オススメ図書」で検索すると関連の本の一覧が見られます。

(7)　探究プロジェクトについてお知りになりたい方は、『PBL――学びの可能性をひらく授業づくり』と『教科書では学べない科学的探究心――科学者になる体験を通して学ぶ（仮題）』を参照してください。また、「作家の時間」と「読書家の時間」を算数、社会科、理科に「数学者の時間」「市民・歴史家の時間」「科学者の時間」という形で、日本の小学校の先生たちが応用実践している紹介本を数年後に刊行しますのでお楽しみに。

Foundation for Children)[8]」でコンサルタントおよび開発担当として働いてきましたが、その中心となったのは、子どもたちの取り組みのレベルを高める方法として「選択する学び」の使い方を教師に指導することでした。

いま私は、独立したコンサルタントとして、多様な学校のあらゆる学年を担当している教師が、日々の授業においてこの教え方・学び方を一体化できるように助けています。教師対象のワークショップを行うときは、扱うテーマに関係なく、実際にその威力を体験してもらうためにも「選択する学び」の手法を使っています。本書は「選択する学び」について書かれたものですが、プロの教育者として二〇年以上にわたって私が学び、成長してきた過程の結晶とも言えるものです。

学びの方法として選択肢を提供することは、しばしば誤解されがちです。扱っている内容とは関係ない形で扱われるか（残り時間があと一〇分あります。あなたたちは、何でも好きなことをしていいです）、あるいは非常に骨の折れる計画と努力を教師に求める、過度に複雑なものを扱うか（ユニットを統合するために、複数のジャンル[9]を利用して行うプロジェクト学習など）のいずれかです。

悲しいことに、過去の時代の名残と思われることもあります。つまり昔は、子どもたちに選択肢を提供することができましたが、いまは教科書をカバーすることとテストのためにそれが不可能となっています。教師と学校に対するプレッシャーが高まる現在、学校は生徒から自己選択の機会を奪い、自立性を弱めることによって管理しようとしています。

今日のような教育環境のなかでこそ、これまで以上に「生徒（学習者）が選択する学び」には意味があり、大事だと私は主張します。ほとんどの生徒が、これまで以上に多様で複雑なニーズと能力をもって学校にやって来ています。彼らは異なるからこそ、一人ひとりにとって意味のある形でスキルや学習内容を身につけたり、学んだりするチャンスを必要としているのです。

学校を卒業した生徒は、自発性、創造性、自立性、忍耐力などが重視される社会人となります。これらは、画一性と従順さを基調にしたような環境では決して身につけることのできない資質です。学ぶ際により多くの選択できる機会をもっていれば、彼らが自分にあった学び方で、より熱中して取り組むことが可能となります。その過程で彼らは、生涯にわたって学び続ける学習者に必要とされるスキルと習慣を身につけることができるのです。

本書では、生徒が実際に取り組んでいたり、試してみたりする価値のある多様な「選択する学び」を紹介しています。また、それを計画したり、実践したりする際に参考となる準備の方法も

（8）　現在は名称が変更され、「子どものニーズに応える学校づくりセンター（Center for Responsive School）」となっています。

（9）　「複数のジャンル」とは、単にレポートを書くだけでなく、写真やイラスト、詩、マルチメディアなども選択できることを意味します。

提示しています。そして、より広範な教育のなかで「選択する学び」の位置づけを適切に捉えるために、関連する文献もたくさん紹介しています。

さらに、本書は教えることと学ぶことについて極めて重要となるいくつかの基礎的な考え方に基づいて書かれていることを、読者のみなさんに理解していただきたいとも思っています。それらは、過去二〇年の間に、あらゆる年齢層と段階にある学習者を教える過程で（と同時に、私自身の、その間の学習者としての体験を通して）身につけた基本的な信条ですが、それらをたくさんの教育者と共有することにも価値を見いだしてきました。

本来、最善の教え方とされるものは、学び手と学ぶことに関する深く根差した教師の信条から導き出されるものです。したがって、「選択する学び」の方法に関する詳しい情報を提供する前に、それらの信条を強調しておく必要があります。

不幸なことに教師は、しばしば自分の信条とは関係なしにプログラムや教育方法を一方的に採用させられたり、新しい教え方を試したりすることを強要されています。[10] そういう場合、教えるという行為は薄っぺらで退屈なものとなります。つまり、自分自身や信じていることと切り離された、単なる活動になりがちなのです。本書では、次に挙げられているような信条が実践に移されている例をたくさん見ることになるでしょう。

①すべての生徒はすでに動機づけられており、できるようになりたいと思っている

たくさんの障害、つまり学年が上がるに従って学ぶ内容が難しくなったり、自分との関連性を感じられずにモチベーションが下がったりしますが、私はすべての生徒は学習者であると固く信じています。すべての基本的なニーズが満たされ、条件が整えば、誰しもが好奇心をもち、自発的に成功することができるのです。

②「学び終わる」よりも「学び手であり続ける」ことが大切である(11)

今日、ほとんどすべての人が、無制限とも言われている情報にアクセスできる機器をポケットに入れて持ち歩いていますので、単に情報を入手するよりも、学習者として学び方を知っていることのほうがはるかに重要となります。知識を獲得するためのスキルは大切なものであり続けていますが、ネット時代においては、それらの情報は学校でなくても容易に入手できてしまいますし、知識自体の価値は相対的に低下しています。

---

(10)　日本の状況に引きつけて解釈すれば、プログラムや方法ないし新しい教え方には、教科書をカバーすることや、(よく分からない)アクティブ・ラーニングを実施することなどが含まれます。

(11)　翻訳協力者から「変化の激しい時代を主体的に生き抜くためにも、生涯学習の視点からも、学び続ける力は必須と言えます」というコメントがありました。肝心なのは、その際の教師の役割と教え方です。

③教えることと学ぶこと、両方とも楽しむべきである

生徒にとっては、毎日学校に来ることが楽しくなければなりません。それは教師も同じです。何が楽しいかと言えば、授業です。学校での中心である授業こそ、[12]楽しくてワクワクできるものでなければなりません。決して、お祝いの会でも、成績でも、壮行会でも、学力テストでもありません。私たちがもっとも多くの時間を費やす授業こそが、本質的にやりがいを感じられるものでなければならないのです。つまり、授業こそ、私たちの時間と最大限の努力を注ぎ込むだけの価値があるということです。

本書は三つのセクションに分かれています。「セクション1」では、選択に関する基本的な考えについて明らかにします。選択を効果的に使ったときに、それはどんなふうに見えるのか？　選択肢を提供することによって得られるものは何か？　選択肢を提供することで子どもたちの学びはどのように促進されるのか？　などです。

「セクション2」では、選択肢を提供する際にもっとも頻繁に問われる質問、つまり「生徒たちは、どうすれば最善の選択をすることができるのですか？」に答えます。それには、生徒がよい選択をできるようにするために、安心安全でサポーティブな学習環境をどのようにつくったらよいのか、生徒自らが学びのオウナーシップ（自分のものという意識）をもてるようにするにはど

うしたらよいのか、生徒が学び手としての自分自身をよりよく理解できるようにするためにはどのようにサポートしたらよいのか、といったことに答える必要があります。

このセクションでは、教師であるあなたが、生徒とどのように話したらよいのか、生徒たちの成長をどのように測ったらよいのか、そして動機づけとしてのご褒美を提供することの危険性や欠点についても説明します。

最後の「セクション３」は、実践に焦点を当てています。教師として、どうしたら「選択する学び」を効果的に活用できるのか？　一日を通じて具体的かつ実践的に「選択する学び」を使いこなしている例と、その方法をたくさん紹介します。

このセクションの各章において、よい選択肢を考え出す、生徒がよい選択肢を選ぶことを助ける、選択した活動をうまく進める、生徒の振り返りをリードする、教師自身の振り返りを行うといった、計画と実践の各段階を説明していきます。また、それぞれの章では、すべての学年と教科領域で生徒が選択したことによってより意味を見いだし、自発性を高めることを助ける方法について検討します。

あなたがこれらの多様な事例を検討する場合、それらを、自分自身の教え方を考える出発点と

---

(12)　学校対抗のスポーツ大会が開催される前に、出場選手を励ますために行われる集会のことです。

して捉えてください。多様な可能性を示すために事例を選びましたが、それですべてが網羅されているわけではないことをご理解ください。本書を通しての私の期待は、たとえあなたが高校の物理、中学の国語、すべての学年で音楽を教えていようと、あるいは幼稚園や小学校でクラス担任をしていようと、子どもの学びを促進するために「選択する学び」を効果的に活用し、新しい理解を得る機会を提供することです。

本書の主要な内容を読みはじめる前に、イーサンの細胞クッションについて考えてみましょう。細胞のなかの各部分を学ぶ際、「方法の選択肢」が提供されたことで彼の内発的な動機づけになったかもしれませんが、選択すること自体が大切だったわけではありません。イーサンの教師が細胞クッションを作成するプロジェクトを出していたら、彼は同じレベルでやる気になっていたかもしれません（ほかの多くの子どもたちは、そうではなかったかもしれません）。決定的に重要だったのは、教師にやらされたのではなく、イーサンに選択肢が提供されたことで自分にとって意味や関連を感じることができ、ワクワクして取り組める方法を見つけ出せたことです。このことはとても大切なことです。選択することを、「目的」としてではなく「手段」として活用しているのです。

自分の考えや理解もなしに指導書や指導案通りにこなす授業が好ましくないのと同じぐらい、

教師は盲目的に選択肢を生徒に提供すべきではありません。選択肢を提供することは、生徒が学校およびその後の人生で成功するために必要となる知識やスキルを身につける過程を教師が助ける方法として、極めて強力な手段なのです。生徒が目的や楽しみや情熱をもって取り組むことをサポートしたり、生徒と教師が毎日ワクワクして学校に来られるようになるための、効果的な方法であるということを忘れないでください。

もくじ

第1章

セクション3　選択する学びの基本

第9章 教えるプロである教師の振り返り

教育のプロがすすめる選択する学び——教師の指導も、生徒の意欲も向上！

セクション 1

選択する学びの目的とパワー

ここでは、学ぶ際に「選択する」ことで得られる効果について説明します。学びの方法として、なぜ「選択する」ことをもっと頻繁に活用すべきかを掘り下げる前に、「選択する」ということが何であるかを明確にしておくことが大切となります。そこで、「選択する学びの主要な効果」に関して説明する前に、この方法が効果的に使われたときの特徴を四つ説明します。

選択することは多様である

学校で「選択肢を提供する」ことについて考えるとき、みなさんは何を思い浮かべますか？ 幼稚園児や小学校低学年の児童がセンターの活動をしたり、(1)「自由に選択」させて何でも好きなことができたりする時間でしょうか？ あるいは、学年が上がって、発表することを前提に何週間も複雑なテーマについて探究するプロジェクト学習を想像するでしょうか？ それとも、課題を終わらせてしまった生徒が好きなことに取り組めるクラス運営の方法として「選択」を思い浮かべるでしょうか？

これら三つの例はどれも選択肢を提供する際の効果的な方法になり得ますが、ほかにもたくさんの可能性があります。そのなかには、複雑だったり、単純だったり、長い時間を要したり、短い時間でよかったり、あるいは日々のどんな教科領域や学年でも使えるものが含まれます。
よく計画された「選択する学び」を体験することには共通するいくつかの要素がありますが（「セクション3」を参照）、型どおりにすればよい選択ができるというものではありません。「選択する学び」は極めて柔軟なもので、特定の内容、もしくは特定のニーズをもった生徒のために計画されるものだからです。次ページの**表1**は、四つの学年において「単純な選択」と「複雑な選択」の比較を示したものです。

選択肢を提供する場合は、目的を明確にする

課題をやり終えた生徒に対してこの方法を「つなぎ」として使うと、常に授業が終わる前に早く課題を終わらせて、自分のやりたいことをする生徒がいる一方で、課題を早く終わらせることができずに、自分のしたいことができないという生徒も出てきます。

（1）センターないしコーナーは、教師が授業に応じて事前に特定の焦点を絞った学びができるように教室の中に設置する複数のスペースのことです。詳しくは、『ようこそ、一人ひとりをいかす教室へ』を参照してください。

表1　選択のいくつかの効果的な使い方

単純な選択	複雑な選択
・**1年生の音楽**　5分間、生徒たちは三つの打楽器のうちの一つを探ることができる。シンバル、トライアングル、リズムスティック。	・**1年生の国語**　2週間、自分のお気に入りの作家について調べる。生徒は、自分の作家と本を選ぶことができる。
・**4年生の国語**　リーディング・ワークショップで自分が読みたい場所を選べる。そこは寛げる所で、読むのに集中できる(1)。	・**5年生の算数**　パターン・ブロックを使ってキルトをデザインする。デザインには、単元で学んだいくつかの幾何学の原則を使う必要がある。
・**8年生(2)の理科**　ニュートンの運動の第三法則(3)についてのビデオを生徒全員が見て、三種類のワークシートのうちの一つを選んで記入する。	・**8年生の理科**　原子がどのように結合しているのか、粘土と楊枝を使って三つの異なる分子（30もの選択肢がある）をつくる。
・**12年生の理科**　自分たちが学んだことを補強するために、ゴミはどうなるかを示す続きの漫画か、図を描くか、レポートを書く。	・**12年生の卒業プロジェクト**　11週間を使って、自分が選んだ教科横断の研究プロジェクトを実施して、その内容やプロセス、結果などについて発表する。

(1)　椅子に正しい姿勢で座って机に本を置いて読むといった、日本的な読まれ方はしません。もちろん、それを選択してもいいのですが、何よりも大切にされているのは、自立して生涯読み続ける読み手を育てるために必要なことです。

(2)　本書では、小学校1年生から高校の最終学年までを、原書のとおりに表記します。アメリカの高校は9～12年生の4年間と決まっていますので、日本の表記に変えられないからです。中学校は州によって異なります。7～8年生だけだったり、6～8年生だったり、あるいは小学校からの小中一貫だったりといろいろです。

(3)　「作用・反作用の法則」とも呼ばれるものです。

このように使うのではなく、核となる課題の学びを促進するための手段として使われるべきです。選択肢は、到達目標、日々のカリキュラム、あるいは生徒たちの興味関心、強み（得意なこと）、ニーズから考え出されるべきです。次に紹介するのは、日々の授業の一部としてこの方法を使う例です。

・**幼稚園**――一匹の昆虫を選び、それを描く。
・**二年生の国語**――「お話し集」を自分で読むか、テープで録音されたものを録音センターで聞くか、大人による読み聞かせを聞く。
・**七年生の保健**――抑制剤、興奮剤、幻覚剤のいずれかの薬を選択して学ぶ。
・**一〇年生のドラマ**――ハムレットのオリジナルないし注釈付きのバージョン(2)を読んでから、自分なりにアレンジしたものを創作する。
・**一二年生の数学**――自分にあった適度な難しさの微分方程式を選んで解く。

（2）注釈付きのバージョンのほうが、読みのレベルの低い生徒にとっては助けになる配慮がされています。日本の古典を扱うときも同じことができるでしょう。

全員が選択をすべき

「優秀な生徒」とレッテルを貼られた生徒は、創造的な学びの機会と自立性が提供されます。彼らは、モデルをつくったり、体験型のプロジェクトをしたり、個別の研究などに取り組んだりします。それに対して、学習に適切な形で取り組めず、個人的に意味を感じられる学びを必要としている生徒には「できが悪い」というレッテルが貼られてしまいます。それにもかかわらず、こうした生徒をはじめとして「学習障害」や「低機能」というレッテルを貼られた生徒がしていることは、ドリルを埋めるという暗記中心の教育となっています。

すべての生徒が、「優秀な生徒」が受けているような教育を受けたら、学校はどのようになるかと考えてみてください。

すべての生徒を受け入れる教室で、一人ひとりをいかす学び方(3)を提供するのにもっとも効果的な手段の一つが「選択肢を提供する」ことです。社会科を教えていたときのことですが、私のクラスの様子を今でもはっきり覚えています。すべての子どもたちが、「アメリカ史のなかの対立」というテーマから、自分が選んだ題材に取り組みました。そのなかには、ジャッキー・ロビンソン(4)、リトルラウンドトップの戦い(5)、ローザ・パークス(6)、宇宙開発競争などが含まれていました。

選択肢を提供することで、クラス全員の学習目標を補うとともに、生徒一人ひとりが目標を設定して取り組むことを助けました。多様な子どもたちがいるクラスのなかには、大学生レベルの資料が読める生徒から、(ダウン症、ADHD、双極性障害、数種類の学習障害を含む)特別な支援が必要と認定されている生徒まで、あらゆる種類の生徒が一緒にいました。

こうした状況にもかかわらず、すべての生徒が適切なレベルの挑戦と、個人的に興味がもてる課題に取り組むことができたのです。それは、自分が何を学ぶのかを理解していたこと、つまり自分が設定した目標があったこと、そして学んだことを紹介するためにどんなプロジェクトをつくりあげればよいのかといった、意味のある選択をしていたからです。

---

(3) この学び方・教え方については、『ようこそ、一人ひとりをいかす教室へ』を参照してください。また、二〇一八年の暮れから翌年の初めにかけて書かれたブログ「イガせん学級冒険日誌」における本書の章ごとのメモや、http://tommydearoom.com/category/differentiated-classroom/も参考になります。

(4) (Jack Roosevelt "Jackie" Robinson, 1919~1972) 有色人種排除の方針が確立されていたMLBで、アフリカ系アメリカ人選手としてデビューし活躍しました。その結果、有色人種のメジャーリーグ参加の道を開きました。

(5) 南北戦争における古戦場の一つです。

(6) (Rosa "Lee" Louise McCauley Parks, 1913~2005) アメリカ合衆国の公民権運動活動家です。一九五五年にアラバマ州モンゴメリーで公営バスの運転手の命令に背いて白人に席を譲るのを拒み、人種分離法違反の容疑で逮捕されました。これを契機に、モンゴメリー・バス・ボイコット事件が勃発したのです。

選択肢は単に与えるだけでなく、教える

　生徒に選択肢を提供するということは、単に「これがあなたたちの選択肢です」と言うことよりもはるかに多くのことが伴います。教師には、生徒が判断を下す前によりよい選択肢について考えることに役立ち、適切な選択ができるためのスキルを教える必要があるのです（この点について詳しくは「セクション３」で触れます）。

　生徒が選択をしたあとも、教師は大事なコーチという役割を担い続けなければなりません。さらに、生徒が取り組みを終えたあとは、生徒がしたことと選んだ選択肢について振り返り、より自立した学び手になれるように助ける必要があります。これらをすべて成し遂げるためには労力と努力が必要ですが、それによって、選択肢を提供するという方法が極めて効果的で、パワフルなものになるのです。

第1章　選択する学びの主要な効果

選択肢を提供することは、教師が生徒の学びを引き上げるもっとも効果的な方法の一つです。本章では、その理由について徹底的に究明します。読者のみなさんは、選択肢を提供することがなぜ内発的な動機づけを高め、それがどのようにして生徒の学びに好影響を及ぼすのかについて学ぶことになります。さらに、日々の授業のなかでこの方法を使う際の、たくさんの利点についても情報を得ることができます。

選択肢を提供することが、二つの課題を克服する助けになる

やる気があるときに、生徒はより多くのことを学びます。このことが、驚くような事実でないことを私は知っています。経験を通して私たちはみんな、生徒が情熱とエネルギーをもち、向上

心があるとき、彼らはとてつもない成果を上げることを知っています。また私は、すべての生徒がやる気をもっていることも知っています。しかし、私の息子であるイーサンと同じく、必ずしも出される課題に対してやる気が湧いてくるとはかぎりません。

時に学習課題は、あまりにも簡単すぎて退屈だったり、あまりにも難しすぎたりするためにやる気を失ったりします。あるいは、その学びが自分には関係あると思えなかったり、自分の強み（得意なこと）や興味関心と結びつかなかったりします。しかし、選択肢を提供するという方法がうまく使われると、こうした課題が克服できます。

課題１　生徒を均一化して捉えてしまう

自分たちが選んだ本の登場人物の性格分析をするために、四人の子どもがビーズクッション[1]に座っています。全員五年生ですが、選ばれた本は『ハリー・ポッターと賢者の石』、『スチュアートの大ぼうけん』[2]、『ジェニファーと不思議なカエル』[3]、『エラゴン――遺志を継ぐ者』[4]と、読みのレベルにおいてかなりの差があります。授業時間の最後の「共有の時間」にグループで話し合うために、個別読書の時間にはみんながメモを取っています。

化学のクラスでは「理想気体の法則」(5)について学習しています。教師が最初の一〇分間にミニ・レッスンを行い、次に生徒がこの法則を使って問題解決をしようとしています。このスキルを練習するために（基本的なレベルのものから、かなり難しく発展的なレベルものまで）、生徒は多様な問題から選択することができます。自分が解く問題はそれぞれの生徒が選びますが、問題解決の過程では、互いに助け合いながら理解を深めていきます。

右に挙げた二つの事例では、多様な知識と能力レベルの生徒たちが協力して取り組んでいることが分かります。このようなクラスで教えるときに大切なことは、生徒「一人ひとりをいかす教

(1) J・K・ローリング／松岡佑子訳、静山社、一九九九年
(2) E・B・ホワイト著、ガース・ウイリアムズ絵／さくまゆみこ訳、あすなろ書房、二〇〇〇年
(3) ブルース・コーヴィル／金原瑞人訳、講談社、二〇〇三年
(4) クリストファー・パオリーニ／大嶌双恵訳、静山社、二〇一一年
(5) 狭義には「ボイル・シャルルの法則」と言いますが、理想的、観念的な気体においてしか成り立ちません。分子に大きさがなく、分子間力もない気体のことで、絶対零度において体積が0になるという気体のことを「理想気体」と言います。高校物理の熱力学では理想気体であることが前提となっています。しかし、現実の気体は分子に大きさがあり、分子間力があり、「ボイル・シャルルの法則」は厳密に言えば成り立ちません。このような気体を「実在気体」と言っています。実在気体でも、低圧で高温の場合は理想気体と同じと見なしたりします。

訳者コラム　**自立的な読み手に大切なハード**

ビーズクッションを使っているのは、楽な姿勢で読むことが奨励されているからです。まちがっても、日本のように姿勢を正して読むようなことはしません。

リーディング・ワークショップでは、読みたい所で読むことが、読みたい本を読むことと同じレベルで大切にされています。それが自立的な読み手を育てる鍵だと思っているからです。リーディング・ワークショップの日本での実践版である『読書家の時間』でも、このことはすでに明らかになっています。子どもたちは自分の選んだ本を、自分が読みたいところで読みはじめると集中し、かつ止まらなくなります。また、教師による一斉授業は、長く教えるよりも子どもたちが長く読むほうが大事なので、授業開始時の５～10分に限定されています。

え方」(6)を実践することです。

ここで明確にさせてください。すべてのグループは、レベルの異なる生徒で構成されているということを。能力別のグループ編成やクラス編成は、能力差の少ないグループをつくるだけです。どんなグループをつくろうが、知識とスキルの差は存在し続けるのです！

すべての生徒のニーズを満たすために学びの体験をたくさんつくりださなければならないかと思うと、「一人ひとりをいかす教え方」をどのように導入したらいいのか分からなくなってしまいます。授業が複数の異なる内容と複数の活動で構成されていると思っただけで、多くの教師は最初から「一人ひとりをいかす教え方」は試みない、と判断してしまうかもしれません。

生徒にいくつかの選択肢を提供することで自分自身をいかせるようにすること、それが選択肢を提供する主な目的の一つとなります。先に挙げた読みの事例の場合、すべての生徒が読む本を慎重に選びました。それぞれがスラスラと読めるというレベルの本です。学習の主な目標が登場人物の性格形成を分析することなので、ジャンルは小説となっています。

一方、化学の事例では、難しさと複雑さの観点で幅広い問題を教師が提供しています。生徒には、難しすぎてやる気をなくしてしまうのではなく、挑戦しがいのある適度な難しさの問題を選ぶように促します。すべての生徒が「理想気体の法則」にまつわる問題解決に取り組んでいるので、たとえ異なる問題の解答を得ようとしていても、互いに協力して教え合うことができるのです。

ここで述べた点が重要だということを理解するために、人間の動機づけについての基本的な原則を明らかにする必要があります。

適切なチャレンジを見いだす

私はクロスワード・パズルが好きなのですが、それに関する新しい本を探すには長い時間がか

（6）九ページの訳注（3）を参照ください。

かってしまいます。書店の本棚に納められているたくさんの本に圧倒されてしまうのです。次々と手に取り、パズルとヒントを眺め、自分にあった難しさの本を探していきます。努力することなく答えがすぐに分かるようなパズルがたくさん書かれている本は本棚に戻します。あまりに簡単すぎて、面白くないからです。逆に、どんな意味かさっぱり分からないようなヒントばかりが書かれている本も棚に戻します。言うまでもなく、難しすぎるからです。『三びきのくま』のなかのゴルディロックス（女の子）が自分にあったベッドを探していたように、私も自分にピッタリの本が欲しいのです。

本章を書いている現在、私の「キャンディー・クラッシュ[7]」のレベルは245であることを読者のみなさんにお伝えします。キャンディー・クラッシュ（あるいは「Bejeweled《ビジュエルド》[8]」、「Angry《アングリー》 Birds《バード》[9]」、あるいはあなたがもし覚えているなら「パックマン[10]」などのゲームに多くの人が病みつきになってしまう理由は、それらがさまざまなレベルでつくられているからです。容易に学べて、すぐに成功するので、攻略するたびにどんどん難しいゲームに挑戦しようという気になるのです。

難易度レベルを徐々に上げていくことによって、ゲーム自体が面白くなるだけでなく、中毒にもなってしまいます。もし、簡単すぎたら、退屈してやめてしまうことでしょう。逆に難しすぎても、イライラして同じくやめてしまいます。

この理想的なチャレンジのレベルを、多くの人は「ゴルディロックス・ゾーン」と呼んでいます。学生時代、教育学ないし心理学の授業で聞いたことがあるかもしれない人物、ロシアの心理学者であるレヴ・ヴィゴツキー（Лев Семенович Выготский, 1896~1934）が一九〇〇年代前半に別の名称をつけました。

発達の最近接領域（ZPD）

ヴィゴツキーは、すべての学習者には自分一人でできる領域と、まだ自分ではできない発達可能な領域があることを理論化しました。そして彼は、この間の領域を「発達の最近接領域（Zone of Proximal Development＝ZPD）」と名づけ、その領域でクラスメイトと協力して取り組んだり、教師のコーチングを受けたりすることで、発達可能な（いずれ一人でできるようになる）新たな領域にもちあげられると主張したのです（参考文献21参照）。

（7）世界で一日九七〇〇万人がプレイする人気のパズルゲームです。

（8）アメリカのゲームデベロッパーである「PopCap Games」が二〇〇一年にリリースしたパズルゲームです。

（9）フィンランドの「Rovio Entertainment（旧：Rovio Mobile）」がiPhone向けに開発したモバイルゲームです。二〇〇九年にApp Store（アップル社が開設している、アプリケーションソフトのインターネット配信サービス）で販売されてから一二〇〇万ダウンロードを記録するなど、世界中で大ヒットしました。

（10）パックマンは、ナムコ（のちのバンダイナムコエンターテインメント）より一九八〇年に発表されたアーケードゲームで、世界で知られた日本産のコンピューターゲームの一つです。

生徒が選択することの価値を正しく認識するためには、この「発達の最近接領域（ＺＰＤ）」について二つほど理解する必要があります（**表１－１**を参照）。

一つは、そこが大幅な認知的成長が起こる領域だということです。生徒は適切なチャレンジをしたときにもっとも学ぶことになります。したがって、選択肢を提供することは、生徒がこの領域に入ることを助けるだけでなく、結果的により多くを学ぶことになるのです。

もう一つ、「発達の最近接領域」と「選択する学び」との間においては、あまり語られることがないにもかかわらず上記の点と同じくらい強い関連があります。この領域での学びが、一番と言っていいほど楽しいということです。

それがクロスワード・パズルやビデオゲームであろうが、理科の探究であろうと、適度なチャレンジがあることで私たちをとてもやる気にさせるのです。つまり、私たちが現在いるところと、困難を克服してたどり着こうとしている距離が適切だということです。

『Visible learning and the science of how we learn（学習の可視化と学びの科学）』（未邦訳）という本のなかで著者らは、「私たちは知識のギャップがあることによって動機づけられ、知識の深い裂け目によって興味がなくなる」（参考文献15参照）と書いています。また、『モチベーション3.0——持続する「やる気！（ドライブ！）」をいかに引き出すか』（参考文献23参照）という本のなかで著者のダニエル・ピンク（Daniel H. Pink）は、やる気の原動力の一つは熟達（身につ

表1－1　発達の最近接領域（ZPD）と生徒の取り組みのレベル

チャレンジのレベル	生徒の取り組みのレベル
学ぶことが難しすぎる	過度のイライラでやる気を失ってしまう
学ぶことは適度の難しさ**（発達の最近接領域）**	楽しくチャレンジできることが、取り組みのレベルを増す
学ぶことが簡単すぎる	過度の退屈でやる気を失ってしまう

けることができたという達成感）だと書いています。つまり、学んだり成長したりすることは気分がいいということです。

適度に挑戦しがいのある課題が設定され、生徒がその課題をやり遂げることができれば、積極的な刺激として機能することになります。この領域は学びがもっとも楽しくなるため、そのなかで教師が生徒に選択を提供することができれば、生徒は自らの力でこの領域内の学習に取り組むようになるのです。

多くの生徒が自分の能力について教師よりも知るようになり、適切なチャレンジのレベルの課題に取り組むことで（つまり、条件さえよければ）、自らを最大限にいかすようになります。[11]その条件とは、安心安全な環境、課題が自分のものであるという意識、学び手としての自身の理解などです。それらについては「セクション２」で詳しく扱います。

(11)　教師があらかじめ選択肢を用意して生徒に提供するのではなくて、生徒自身が選択することで自らいかすこと（self-differentiate）が可能になるのです。

課題２　無関心

もちろん、生徒各自がもっているスキルや能力、あるいは知識などは多様なものです。どんなクラスにも、極めて多様な興味関心や情熱をもっている生徒がいるものです。なかには、自然、歴史、そしてスポーツなどに興味をもっている人がいます。ほかの生徒と一緒に取り組むことが好きな生徒もいますし、一人で取り組むことが好きな生徒もいます。作品やプロジェクトをつくるのが好きな生徒もいれば、コンピューターやテクノロジーを好む生徒もいます。

あなたが生徒の興味関心や情熱を活用することができれば、彼らはより楽しく学ぶだけでなく時間を忘れて取り組むようになり、学校における二番目の課題である生徒の「無関心さ」に対処することができるのです。

生徒の「無関心さ」は、我々教師にとってもっとも欲求不満が溜まる理由の一つとなっています。長時間をかけて授業の準備をしたり、単元を考え出したりしたのに、生徒が退屈して頭が垂れるという様子を見ることは悲しいものです。

「これをしなくちゃなんないの？」と、生徒たちが不満の声を上げます。「生徒たちが関心をもってくれないのです」と言いながら、フラストレーションで泣きたくもなります。そのような行動を取る代わりに、「なぜ、生徒たちは関心をもたなければならないのか？」という質問に答えるべきかもしれません。

彼らに提示される学びは、彼らといったいどういう関係があるのでしょうか？

彼らの興味をそそったり、強み（得意）を活用したりするにはどうしたらいいのでしょうか？(12)

サイエンス・フィクションを読むことは大好きでも、書くことを得意としていない生徒は、スターウォーズのシリーズについてなら興奮して書くかもしれません。コンピューターを使うことは大好きでも、独立戦争について学ぶことに気乗りのしない生徒は、プレゼンテーション・ソフトウェアの「プレジ」を使って戦争の原因を紹介させたら興奮するかもしれません。また、ゲームをすることが大好きでも数学を嫌っている生徒には、割合について学ぶためにサイコロやカードを使った簡単なゲームを提供すれば楽しむかもしれません。

このように、興味関心と関連づけること以外に選択肢を提供することには、「無関心さ」に対処するためのいくつかの効用があります。

(12)　協力者から、「これらの問いは、とても大切なものだと思います。学ぶことを無視して、教えることしか考えない教員は、このような問いがもてないと思いました」というコメントがありました。

前向きな気持ちを引き出す

中学生のとき、私は読書が嫌いでした。学校での読みの体験は、課された本を読むことと、質問集が最後に掲載されているたくさんの短編を編集した分厚いアンソロジー（選集）を読むことでした。読書という行為は、課題をこなすだけのものでした。それらを、できるだけ努力することなしに私は従順にこなしたのです。

一〇年生(13)のとき、国語の教師が「読みたい小説を読んで、教室で紹介してください」と言って、まったく新しい課題の出し方をしたのです。生涯にわたってボストン・レッドソックスのファンである私が、なぜニューヨーク・ヤンキーズの主砲だったミッキー・マントル(14)（Mickey Charles Mantle, 1931〜1995）の自叙伝である『ザ・ミック（The Mick）』を選んだのかは定かではありません。たぶん、一五歳の男子が本に期待するものすべて（冒険、ユーモア、下品な行為、そしてもちろん野球）が含まれていたからだと思います。このときが、学校の読む活動で私が好きになれた最初の経験でした。三〇年後の今も、この本についてはかなり覚えています。

なかには、学校での勉強に対して肯定的な気持ちをもてるようにすることは、特定のやり方で授業を進める理由としては十分ではない、と考える人もいます。肯定的な感情は、一見重要そうには見えませんが、実はかなり大切なことなのです。

脳科学によって、感情と学びの重要な関係が明らかにされています。神経学者で中学校の教師でもあるジュディー・ウィリス（Judy Willis）は、学びを楽しいと感じるときに人間の脳は学びをより受け入れると、説得力のある主張をしています。彼女は、退屈と過度の欲求不満は脳をストレス反応のモードにしてしまい、結果的に学びを遮断してしまうとも指摘しています（参考文献26参照）。

一方、エリック・ジェンセン（Erik Jensen）は、自著である『脳の機能を踏まえた教え方（Teaching with the Brain in Mind）』（未邦訳）のなかで、「生徒が学ぶときに前向きな気持ちにできる教師は……生徒の脳が強く求めていることがやれているのです」と書いています（参考文献16参照）。要するに、肯定的な感情はより多くの学びの可能性を開き、学ぶ際に選択肢を生徒に提供することは、生徒が前向きな気持ちで学習に取り組むことを助けるとてもパワフルな方法だということです。

内発的な動機づけはオウナーシップから生まれる

何年も前のことですが、素晴らしい作家で講演者でもある人が、生徒のオウナーシップ（自分

(13) アメリカでは、九～一二年生の四年間が高校生です。
(14) 本のタイトルは、ミッキー・マントルのニックネームがつけられました。

のものという意識）の大切さについて語っていました。話のなかで彼は、典型的な書く課題でみすぼらしい作品を書いた七年生のことを紹介していました。

彼はその生徒に、「なぜ、真剣に取り組まないのか」と尋ねました。その生徒の答えが、彼に動機づけと学ぶことをどのように考えるかということについて大きな影響を与えたのです。生徒の答えは次のようなものでした。

「あれは単なる課題でした。教師が私に書かせているだけです。それは教師のものであって、私のものではありません」

その後、彼は私たちのほうを見て、「あなた方の生徒に関して、典型的な学校での一日を思い描いてみてください」と投げかけたのです。

生徒たちは、どれぐらいあなたの課題をこなしていますか？　一方、彼らは、どのくらい自分自身の課題に取り組んでいますか？　もし、彼らが一日中あなたの課題をこなしていたなら、彼らはどんな気持ちがするでしょうか？

先に紹介したダニエル・ピンクは、「コントロール（管理）は従順を生み、自律性は熱心な取り組みを生む」（参考文献23参照）と言っています。(15)

学校では、教師がほとんどのことにおいて何をすべきかをコントロールしています。(16)私たち教師が授業を考えて教え、課題を出し、その結果を評価しています。一方、生徒たちは、ほとんどコントロールする権限を与えられない状況において、従順に課題をこなし続ける「働きバチ」だと思い込まされています。しかし、彼らに選択肢を提供すると活気づき、自らの学びを自分で考え、より多くの責任も取るようになるのです。

重要な責任の転換

重要度が増しつつある「一人ひとりをいかす教え方」とPBL（プロジェクトないし問題解決型学習）への注目度は、教育界で起こりつつある大事な転換を表しています。[17] それは、より生徒を中心に据えた、教える／学ぶというアプローチへの移行を意味しています。

---

(15) ピンクは、エドワード・デシの内発的な動機づけに関する長年の研究をかなり参考にしながら本を書いています。『人を伸ばす力――内発と自律のすすめ』がおすすめです。ちなみに、ピンクが提示しているモチベーションの三本の柱は「目的」「自律性」「熟達」ですが、デシの三本の柱は「選択」「関係性」「有能感」となっています。なお、ピンクを引用した「自律性は熱心な取り組みを生む」の熱心な取り組み（engagement）については、「PLC便り、engagement」を検索すると関連情報が得られます。

(16) 翻訳協力者から、「教師ではなく、生徒自身が自らの学習をコントロールする力を高めることは、今後もっとも重要な課題の一つであると考えます。そのためには、学びの責任と決定権の生徒への移行が不可欠です」というコメントをもらいました。まったくそのとおりで、そのためには『「学びの責任」は誰にあるのか』が参考になりますし、教師主導の指導案・指導書アプローチを根本的に見直す必要があります。

面白いことにこの動きは、生徒が何を、どうするかをこれまで以上に引き締めることになっているスタンダード化と成績責任[18]のすぐあとに続く形で起こっているのです。これら二つの異なる動きは互いに反目しあっている、と捉える必要はありません。教師は、スタンダード化のなかで生徒一人ひとりのニーズにあった学びを提供すればよいのです[19]。

しかし同時に、従来の教え方から転換することが教師に求められます[20]。それを実現しようとする際、もっとも有効な手段の一つが選択肢を提供することなのです。この方法によって教師と生徒が、教えることと学ぶことの責任を共有しあうようになるからです。教師は、生徒にとって魅力的で、適切なレベルでのチャレンジを提供する選択肢を考え出し、そして生徒は、自分がもっとも学べるものを選択肢から選び出すという責任を担うのです。

選択肢を提供することのさらなる効果

この方法を通してあなたは、生徒に対して、自分にあった学びが選べるという機会を提供することが可能となります。その結果、生徒一人ひとりはより適切なチャレンジのレベルで取り組めるようになります。生徒の強みや興味関心と関連づけ、生徒が行うことにより多くの自立性、パワー、コントロールを提供することで内発的な動機づけが高まり、生徒の無関心にも対処することができるのです。

これら二つが、この方法を日々の授業や活動のなかで用いるもっとも説得力のある理由です。実は、ほかにもさらなる効果があります。それらを紹介すれば、選択肢を提供することの真のパワーに納得していただけると思います。

・生徒はより深く豊かな学びに取り組む。
・これまで以上に、生徒が課題に集中している様子を見せてくれる。

---

(17) 一人ひとりをいかす教え方については、『ようこそ、一人ひとりをいかす教室へ』を、PBLについては、『学びの情熱を呼び覚ますプロジェクト・ベース学習』、『子どもの心といきいきとかかわり合う――プロジェクト・アプローチ』、『PBL 学びの可能性をひらく授業づくり――日常生活の問題から確かな学力を育成する』を、そしてここでは紹介されていませんが、国語の分野での「より生徒を中心に据えた教え方／学び方」としては、「作家の時間、オススメ図書紹介」で検索して見られるリストを参考にしてください。また、算数・数学分野では『算数・数学はアートだ！』と『教科書が教えてくれない数学的思考』がおすすめです。現在、理科と社会科でも開発中ですので、興味のある方は pro.workshop@gmail.com にお問い合わせください。

(18) 学業成績によって学校への予算配分が決定される方式のことです。

(19) これは、個別化とは違うので、よく『ようこそ、一人ひとりをいかす教室へ』および『一人ひとりをいかす評価』をお読みください。

(20) これまでのように、生徒全員に同じ授業を提供する「一斉授業」はできなくなることを意味しています。

・生徒の社会的感情的スキル[21]が高まる。
・協働的な学習の雰囲気が生まれる。
・教えることがより楽しくなる。

生徒はより深く豊かな学びに取り組む

学習する際に選択肢を提供された生徒は、より高いレベルで学習に取り組めるという理由がいくつか明らかになっています。一つには、生徒がより楽しんで取り組むときには、彼らの脳は円滑に学んでいることをよりよく処理することができますし、それをより効率的に、長期間にわたって記憶できるようになります（参考文献26参照）。

スティーヴン・クレーンの『赤い武功章』[22]よりも、前掲のミッキー・マントルの自叙伝『ザ・ミック』のほうをよく覚えているのは当然のことなのです。選択肢が提供されることで創造性を高め、自主的に行う書き直しや、より望ましい文の校正など、たくさんの好ましい学習習慣をもたらすことを研究は明らかにしています（参考文献8参照）。

みんなが同じことをしていない教室においては、どれほど学びが豊かで、多様なものになるかを考えてみてください。もし、全員が同じ本を読んでいたら、話し合いのテーマがその本以外のことになるとは思えません。一方、特定のテーマに関する三冊の小説を読んでいる場合は、生徒たちの話し合いは豊かで多彩なものになります。

『イノベーションのアイデアを生み出す七つの法則』[23]の著者であるスティーブン・ジョンソン（Steven Johnson）は、重要なイノベーションはより多様な環境でつくられると述べています。都市は小さな町よりも人口が多く、多様な仕事もあるので、それらの人が出会うことで新しい考えがひらめきやすくなるので、重要なイノベーションをつくりだせる可能性が高いのです（参考文献18参照）。

「ピクサー・アニメーション・スタジオ（Pixar Animation Studios）[24]」の建物がまだ計画段階にあったとき、社員が協働できるような共有の空間をスティーブ・ジョブズ（Steven Paul "Steve" Jobs, 1955〜2011）が求めたというのは有名な話です。彼は、大きなビルの吹き抜けの空間を要

(21) 分かりやすくいうと、「作家の時間、オマケ」で検索して見られるリストのことです。それは、「ＥＱ」ないし「ライフスキル」と呼ばれるもので、自己認識、自己管理、社会的認識、対人関係、責任ある意思決定などの能力が含まれます。
(22) スティーヴン・クレーン／西田実訳、岩波文庫、二〇〇二年。
(23) スティーブン・ジョンソン／松浦俊輔訳、日経ＢＰ社、二〇一三年。
(24) アメリカの映像制作会社で、コンピューター・グラフィックスを用いたアニメーションを得意とし、ＣＧＩアニメーションを産業としています。

望したのです。そこで異なる部署の人間が出会い、集まり、そこを通らないとどこにも行けないようなスペースとしたのです。彼は、トイレもこのスペースのなかだけに造り、手を洗いながら自然な会話が生まれることを期待しました（参考文献25参照）。

私自身、自分の授業で生徒たちが多様な取り組みをしているパワーを繰り返し見てきました。たとえば、私はフィービーという生徒が、ガールスカウト[25]のキャンプで学んだ四つのシーンを一度に紹介できる三次元のプレゼンテーション方法を使って、自分が読んだ本を紹介していたことをよく覚えています。

彼女がしたことに刺激を受けて、数人の生徒が彼女につくり方を尋ねていました。そして、数週間後、何人もの生徒が自分の読んだ本や自分の研究プロジェクトを、三次元のプレゼンテーション方法を使って紹介していました。

全員の生徒が同じ課題に同じように取り組んでいたら、自ずとできることには限界があるでしょう。教師と、教科書に掲載されている課題が枠を設定しており、その枠を超えることは不可能なのです。教師が生徒とともにパワーとコントロールする権限を共有し、学習目標をどのように達成するかについての柔軟性と選択を生徒に提供すると、突然、みんなが互いを刺激しあい、新しいアイディアを生み出し、創造性を促進させるのです。

これまで以上に、生徒が課題に集中している様子を見せてくれる

以前、ある校長先生と話したとき、選択肢を提供することの効果について、ほかの重要な側面が明らかになりました。私たちは、学校に蔓延している問題行動について話をしていました。問題行動とは、教師に口答えをする、窓の外をボーと見ている、授業中に憤慨して爆発する、廊下を徘徊する、勉強することを拒絶する、などです。

私は校長に、「問題行動を起こす生徒は、学業面でも問題を抱えていますか？」と質問をしました。彼は「そのとおりだ」と認めました。さらに、次のように質問しました。

「それらの生徒は、プロジェクト、チャレンジ、楽しいパズル、自分が何を学ぶかの選択肢など、彼らの関心をひく授業や学習を受けていますか？　それとも、毎日ほとんど席に座らされた状態ですか？」

校長は、「ほとんどの場合、後者だ」と答えました。実際のところ、彼の学校では、成績が優秀な生徒のみが前者のような授業を受けているということでした。私は次に、「たくさんの生徒が問題行動を起こすのは、彼らが退屈で不満をもっているからではないのですか？」という質問

(25)　これには「quadrama」という名称がついています。これで検索すると実物が見られます。

を用意していたのですが、それを口に出す前から二人とも答えが分かっていました。

著名な教育専門家で講演者のケン・ロビンソン卿は、よく知られているＴＥＤ《テッド》トークの「教育の死の谷を脱するには」のなかで、「子どもに座ったまま何時間も低級な事務作業をやらせたなら、ソワソワしはじめてもおかしくはないでしょう」[26]と冗談交じりで語っています。

前掲の神経学者で、中学校の教師でもあるジュディー・ウィリスは、過度の退屈さと不満は脳のストレス反応を招くと述べています（参考文献26参照）。この状態にある生徒は、「戦う」（口答えをするか憤慨して爆発する）、「飛び立つ」（廊下を徘徊する）、「凍りつく」（窓の外を見ているか、勉強することを拒絶する）といった反応を起こします。この研究は、問題行動を起こしがちとされるＡＤＨＤ（注意欠陥多動性障害）や情緒障害をもった生徒が、何をどのように学ぶかという選択肢を提供されると、その問題行動がかなり収まることを明らかにしています（参考文献８参照）。

生徒たちは、毎日、面白くて取り組みがいのある授業を求めて学校にやって来ます。もし、授業に意味を感じられ、適切なチャレンジのレベルで個人的に面白ければ（適切な選択肢によって満たすことのできる特徴ばかりです！）、彼らは熱中して取り組むのです。その結果、彼らは自分を満足させるほかの方法を探す必要がなくなります。

もちろん、学ぶ際に選択肢さえ生徒に提供すれば、誰もが完璧に行動するということではありません。しかしながら、もし生徒が、刺激があり、意味を感じられる授業に取り組めることができたなら、トイレに逃げ出したり、部屋の中を徘徊したり、友だちにテキスト・メッセージを送ったりするという行為は確実に減ります。

生徒の社会的感情的スキルが高まる

学校においてもそうですが、卒業してから成功するために身につける必要のある社会的感情的スキルや資質が多様にあります。これらのスキルや資質は、生徒が熱中して取り組んでいるときこそよく学べ、そして練習できるものです。つまりそれは、自らがパワーと創意工夫ができる権限をもち、取り組んでいることに面白さが感じられるという状態のことです。身につける必要があるスキルは多様にあり、本書でもそれらのいくつかについて深く掘り下げますが、ここではそのなかから三つを紹介しましょう。

---

(26)　この動画は、日本語の字幕付きで見られます。タイトルで検索してみてください。引用箇所は、スピーチ開始後五分ぐらいのところです。

GRIT《グリット》（やり抜く力）

英語を話す多くの人が「グリット」という言葉を聞いて思い出すのは、無理やり従順さを示さざるを得ない状態（つまり、歯を食いしばること）かもしれません。それに反して、本当に打ち込みたいことをしているときは、チャレンジしがいのあることを忍耐強く取り組んでいる状態であると私は考えています。

生徒のやり抜く力を高めたければ、熱心に取り組むことと面白さとの兼ね合いが必要となります。面白さがなければ、無理やり従わせようとしていることになってしまいます。

「でも現実は、私たちはみんな、楽しくないことをやり遂げる必要があるのではないでしょうか？」

と、あなたは尋ねるかもしれません。もちろんです。保護者に電話をかけたり、会議に出席したり、インフルエンザの流行時にテーブルを拭いたりと、私も望まないことをたくさんやらなければなりません。しかし、これらの役割は大好きな「教える」という仕事の一部ですから、私はやることができます。

同じように生徒も、自分が本当にしたいことのためなら、研究レポートに出典を挙げたり、校正をしたり、算数・数学や国語の練習をしたりすることも厭わないでしょう。一人ひとりのパワーが、たとえ好まないことや多少難しいことでもやり通すだけの動機づけを与えるのです。

人間関係の意識の高まり

生徒たちが切実に自らに関連づけ、創造性や自立性をいかす形で課題に取り組めると、彼らの多様な強み、資質、興味関心、そして抱えている困難などが表面に現れてきます[27]。そのような環境であれば、生徒たちはみんな違うことをはじめたり、授業で行うことを異なる視点で見はじめたりするようになります。さらに、多様なパートナーと取り組むことを学んだり、異なる学び方をする生徒への共感も芽生えます。

効果的な意思決定

自分がコントロールできないのに、責任を学ぶことはできません。責任をもつこと、自立すること、そして理にかなった意思決定をすることは、彼らが身につけなければならない大事なスキル／資質です。それらは、「二一世紀型スキル」や「職場で必要なスキル」（**訳者コラム**参照）と言われるもののなかに含まれています。

今日（未来？）の仕事は、上司によって仕事のすべてを指図されるのではなく、柔軟な勤務体

(27)　ということは、教師主導の一斉授業ではこれらのものは表面には出てこず、無難に過ぎていくことを意味します。そんな環境で真の学びが起こってくるとは思えません。

制のなかで、職場でないところでも仕事ができる人材を必要としています。学校で頻繁に選択をするという練習をしている生徒は、より効果的な意思決定スキルを磨いていることになります。選択肢が提供されることで、彼らは自分を主張するだけでなく、自らをよく見つめ、よく考え、信頼できる人になるための資質を培っていきます。その結果、多様な基準を考慮したうえで適切な意思決定ができるのです。

協働的な学習の雰囲気が生まれる

すべての生徒が同じことを同時期にしていると、お互いを競争相手として見てしまうものです。誰が一番早くできるか？　誰が一番たくさんの正解を得られるか？　誰が一番いい図や表をつくれるか？　ということです。

同じ課題をしていたら、近くにいる生徒のできを、自分のものと比べてしまうものです。なお、これは子どもたちだけでなく、あらゆる年齢層の学習者にとっても言えます。たとえば、教員研修の場で同僚たちと同じ資料を読むことになったとき、あなたは自分の読むスピードを気にすることでしょう。

ひとたび自分がしていることを周囲の人たちと比較しはじめると、大事なものから目を離して

訳者コラム

21世紀型スキルと職場で必要なスキル

「21世紀型スキル」には以下のものが含まれます。

思考の方法——①創造力とイノベーション、②クリティカル・シンキング、問題解決、意思決定、③学びの学習、メタ認知（認知プロセスに関する知識）

仕事の方法——①コミュニケーション、②コラボレーション（チームワーク）

仕事のツール——①情報リテラシー、②情報通信技術に関するリテラシー（ICTリテラシー）、③社会生活（地域と国際社会での市民性、人生とキャリア設計、個人と社会における責任）

また、「職場／仕事で必要なスキル」と言われているものには、プラス思考、高い勤労意欲／学習意欲、コミュニケーション・スキル、創造的な問題解決力、クリティカル・シンキング、時間の管理（自己管理能力）、レジリエンス（望ましくない状況を跳ね返す力）、柔軟さ、チームワーク、組織／構成力、そしてリーダーシップなどがあります。

日本の経済産業省が出している「社会人基礎力」には、①前に踏み出す力（主体性・働きかけ力・実行力）、②考え抜く力（課題発見力・計画力・想像力）、③チームで働く力（発信力・傾聴力・柔軟性・状況把握力・規律性・ストレスコントロール力）が含まれています。

それぞれのリストに含まれているものと含まれていないものを見つけだしてください。なお、クリティカル・シンキングは「批判的思考力」とは訳せません。「批判的」という意味が占める割合が３分の１から４分の１ぐらいだからです。より多くを占めているのは、「大切なものを見抜く力」であり「大切でないものは排除する力」です。

しまうことになります。もはや、学ぶことに焦点を当てているわけではなく、周りの人たちを気にしているだけです。

さらに、もしある生徒がクラスメイトと競争をしはじめていたなら、周りが負けるということはその生徒が勝つことを意味します。「ぼくの答案を見ないで！」とか「コスタ先生、リサがカンニングをしています！」といった言葉が飛び交い、生徒たちは互いを、協力者ではなく競争相手と位置づけてしまいます。

選択肢を提供することのよい点は、生徒の取り組みが多様になることです。リンゴとミカンは比べられません。それと同じ状況をつくりだすことができるのです。たとえば、分数のかけ算を練習しているとき、みんなが同じワークシートを行うのではなく、各自が自分の問題づくりをするのです。

それに取り組む過程で、話し合ったり、協力しあったりできます。問題はすべて違うし、問題を解くための手順がいくつかあるので、なかには同じ時間により多くの問題を解く生徒が出てくるかもしれませんが、取り組んでいる問題の難しさはさまざまなのです。

このような状況では、彼らは互いに競争することには関心を示さず、自分の問題に集中することになります。そうすれば、みんなをリラックスさせ、自分の問題により集中させ、そして互いにサポートしあう関係も生み出すことができます。

このような環境のなかで、もっとも難しい問題を誰がつくれるかと張り合っている生徒がいると思いますか？　ひょっとしたら、いるかもしれません。しかし、そのような競争は自己誘導的(28)なものであり、互いが恩恵を受けることになるので健全と言えます。一般的に、クラスが肯定的で、協力的で、サポーティブな雰囲気なら、彼らの取り組みはより多様なものになります。

教えることがより楽しくなる

このテーマを扱うことが「セクション1」の最後になってしまいましたが、重要度がもっとも低いからではありません。教えることは、ストレスを蓄積してしまう職業の一つとなっています（参考文献1参照）。それは、過去二〇年ぐらいの間に悪化の一途をたどっています。学力テスト（日本の場合は入試も）のために教えたり、非現実的なカリキュラムの要望にこたえたりすることが、私たちが教師という職業を選んだときの初心、つまり「教えることが好き」を忘れさせています。

(28)　ほかの誰かとの競争ではなく、自分との競争という意味です。ビデオゲームをしているときなどがその典型例と言えます。

生徒たちが学ぶ過程に身を置き続けられるというのは本当に素晴らしいことですし、極めて魅力的なものです。ひらめく瞬間や、時間を忘れて夢中になって取り組んでいる生徒を見るのは、「教師として本当にうれしい」と思うときでもあります。

オウナーシップをもち、創意工夫ができる権限をもつことは、生徒だけにとって大切なことではありません。自立性は、私たち教師にとっても、教えることと一体感、そしてエネルギーを感じるために極めて重要な要素となります（参考文献22参照）。生徒たちに単純な選択肢を提供しようと考えたとき、私たちは自らの創造性に点火をし、教えることに対する情熱や愛を再燃させているのです。そうすることで私たちは、計画して創造的になれるだけでなく、教えることをより楽しめるようになるのです。

結局のところ、生徒たちがより熱中して取り組み、楽しみながらよりよく学んでくれたら、私たちも楽しめるということです。生徒たちにより多くの選択肢が提供できるようにとたくさんの教師をサポートするなかで、私は次のような言葉を度々聞くことができました。

「これはとても楽しいです。生徒たちだけが授業をより楽しんでいるわけではありません！」

まとめ

覚えておいていただきたい大事なことを、最後に一つお伝えします。それは、選択肢を提供する場合は目的をもって行ったときがもっとも効果的だ、ということです。これをあえて言うのは、この方法が間違った形で使われてしまう場合が多いからです。つまり、「選択肢を提供することがそんなによい方法なら、すべてに使えばいい」と。

ほかの効果的な方法と同じように、常に最適な方法であるというわけではありません。すべては、あなたの目標次第です。たとえば、年度末近くにある特別な方法かプロジェクトを生徒全員に体験してほしいと思うかもしれません。その場合、選択肢を提供することはあり得ません。あるいは、必要とされる読むスキルに基づいて本のグループを生徒たちがつくっているときに選択肢を与えてしまうと、あなたが求めているスキルを彼らは練習できなくなってしまうという可能性がありますので、選択肢を与えてはいけません。

要するに、選択肢を提供することはあくまでも「手段」であって、それ自体が「目的」ではないということを覚えておいてください。

セクション2

選択する学びの効果を高める方法

「セクション１」では、自分の学びにより多くのパワーやコントロールが提供されると、学ぶことがもっとも楽しくなる「発達の最近接領域（ＺＰＤ）[1]」に自らを置くことができると主張しました。これは、あらゆる状況下にあるすべての年齢層の学習者を対象に教えた、長年にわたる私の経験に基づいた主張です。

しかし、あなたは次のような疑問をもつかもしれません。

・生徒が、自らを発達の最近接領域に置けなかったらどうなりますか？　もし、生徒が簡単すぎたり、難しすぎたりするものを選択してしまったら？
・生徒が間違った理由（とくに、それぞれの興味関心や強みやニーズ）で選択をしたら、どうなりますか？　友だちが選んだから、あるいは教師が求めているものを考えて選択してしまったら？
・もし、生徒がよい選択をする方法を知らなかったらどうなりますか？　自分が好きなものやニーズを知らなかったら？

これらはすべて素晴らしい質問です。また、自分自身が教師として苦労したり、このテーマに関してほかの教師とやり取りをするときに必ず尋ねられる質問でもあります。生徒たちがよい選択をする際に苦労することは間違いありません。そして、私たちはみんなそれを知っています。

・読むことに苦労している小学三年生のマギーは、三〇分間の個別読書の時間にまだ読めない『ハリー・ポッター』を選びました。
・ドナルドは、インカ帝国についてより興味をもっているにもかかわらず、クラスメイトのことを気にして、社会科のグループのメンバーとともに古代エジプトについて学ぶことを選択しました。
・マーシーは、しっかり考えることなく、無作為に選んでいるようです。結果的に、易しすぎたり難しすぎたりする問題を選んでいます。あるいは、自分では面白いとは思えないプロジェクトを選んでいます。「どうやって選んでいるのか?」と尋ねられたとき、肩をすくめて「知りません」と答えました。
・セスは、本当はファッションに興味があるのに、それは「女の子らしい」と思われるのが嫌なため、フットボールをプロジェクトとして選択しました。

生徒に選択肢を提供する際に教師が恐れることは、自分がコントロールできなくなることです。

---

(1)(Zone of Proximal Development)分かりやすくいうと、「誰かほかの人の助けで今日できたことは、明日は自分一人でもできる」という意味です。一八～一九ページを参照ください。

生徒に選択肢を提供したのに、悪い選択をしたらどうしたらよいだろうか、と。

時には、生徒が悪い選択をすることを覚悟しなければなりません。とはいえ、それはよいことでもあります。悪い選択をすることを通して、生徒は学び手としての自分について学ぶことができるからです。

二番目に、生徒が選択肢を提供されたからといって、教師が受動的な立場になるわけではないことを理解しておく必要があります。むしろ、その逆です。教師は、生徒によい選択肢を提示しなければなりませんし、生徒がよい選択ができるようにサポートもしなければなりません（このテーマについては、「セクション３」でさらに深めます）。

三番目に、生徒が真のニーズと興味関心に基づいたよい選択ができるように、学習環境を整える必要があります。「セクション２」では、その点において重要となる三つの方法に焦点を当てます。そこでは、よい学習環境をつくりだすだけでなく、学び手としての生徒にぴったりの選択ができるようなスキルを提供します。

安心でき、サポーティブな学習環境をつくりだす

ドナルドとセスは、ありのままの自分でおれる環境さえあれば、自らのニーズや興味関心にあった選択がしやすくなります。第２章はこれに焦点を当てています。

生徒のオウナーシップを高める

マギーとドナルドは、していることに対してオウナーシップをもっともてていたら（つまり、行っていることが彼らにとってより意味が感じられ、学び手として達成したい目標をもてていたら）、よい選択ができたはずです。第3章はこれに焦点を当てます。

メタ認知のスキルを教える

マーシーは、振り返ることと自己評価することを知らないので、よい選択ができないようです。私たちには、振り返ることを通して、生徒たちにメタ認知（次ページの**訳者コラム**を参照）できるスキルを教える必要があります。

そうすることで、生徒たちは自分のニーズ、強み、興味関心、そして学び手としての自らを知ることができ、その結果、よい選択ができるようになるのです。このことについては第4章で扱います。

これら三つをしっかり押さえておかないと、選択肢を提供しても機能することはないでしょう。

・選択したことでからかわれる心配があるとき、リスクを冒してまで自分にぴったりの選択をするでしょうか？

・学んでいることが真に自分のものと思っていないのに、自分にとって意味のある選択ができるでしょうか？
・学び手として、振り返ることも知らないのに、どうしてよい選択ができるでしょうか？

これら三つの点を掘り下げて、それらを育てる方法を探究する前に、もう一つだけ注目しておきたい点があります。これら三つの方法がよりよい選択を可能にすることは間違いないのですが、選択肢を提供することは、それらを可能にするための手段だということです。

あなたには、生徒自身がぴったりの選択ができるように、生徒がよい選択について事前に考え、その選択が自分の学びにどのような影響を

訳者コラム　**メタ認知**

メタ認知とは、「学習者自身の学びのプロセス、自分が一番学びやすい条件、実際に学びが起こったということを意識的に認識すること」（『「学びの責任」は誰にあるのか』の第５章で定義し、詳しくその内容を説明しています）です。自分の思考や学びをクリティカル（37ページの**訳者コラム**を参照）に分析し、それに基づいてよりよい選択や行動ができるようになることです。参考となる情報源として、本書の第４章および『増補版「考える力」はこうしてつける』を参照してください。また、ブログ「PLC 便り」の左上に、「メタ認知」あるいは「振り返り」を入力して検索するとたくさんの関連記事を読むことができます。

与えたかを検討するメタ認知のスキルを教えることができるのです。これは、メタ認知のスキルを身につけるよい方法となります。

念のために言いますが、あなたがこの方法を使いはじめる前に、安心安全なクラスをつくったり、生徒のオウナーシップを高めたり、生徒にメタ認知スキルを教えたりしなければならないということではありません。そうではなく、効果的に選択肢を提供することで、これらの方法も一緒に教えることができるのです。選択肢を提供した教え方と、これらの方法をうまく統合することによって、生徒たちは選択することを通して最大限に学ぶことができるようになります。(2)

(2) これを実現している教え方・学び方がライティング・ワークショップとリーディング・ワークショップの授業ですので（一五四ページを参照）、国語ではもちろんのこと、他の教科でもぜひこのアプローチを参考にして実践してください。

第2章 安心でサポーティブ[1]な環境をつくりだす

教育者のなかには、ダイナミックな学習環境[2]にはよい人間関係が不可欠だ、と主張する人たちがいます。そこでは、生徒が安心安全と思え、仲間に入れていると感じ、うまく協働することもできます。しかし私たちは、こうした環境が自然にできるわけではないことを知っています。それをつくりだすには、よく考えられた計画と実践が必要です。本章では、ワクワクし、挑戦しがいのある授業が起こり続ける学習コミュニティーをつくるための方法について探究します。

人間関係のよいクラスが必要な二つの理由

意味のある学習が起こるいかなる場所においても人間関係は大切ですが、選択肢を提供して生徒たちに最大限のチャレンジをしてもらうクラスにおいてはとくに重要となります。これには、二つの大事な理由が挙げられます。人間関係のよさは、学びに際して感情面でリスクを冒せるようにする（挑戦できるようになる）と同時に、より複雑な学習も可能にします。

学びに際して躊躇せずに挑戦できるようにする

発達の最近接領域（ZPD）[3]は、感情的に脆弱な部分であるということを考えてみてください。そこは、学び手としてできるかどうかは定かではありませんが、十分に学びがいがあるところです。そこでは、かなり努力を必要としますし、誰かのサポートも必要とされます。

そのような学びに挑戦する場に自分を置くためには、周りの人たちが、あなたに敬意と親切心、そして共感などをもって接し、必要なサポートが提供されると思える環境が必要です。たとえ、

（1）訳すと、「支持的」、「協力的」、「面倒見がいい」などとなりますが、いずれも一部しか表していないような気がします。自分がサポートを必要とするときには適切な支援が受けられ、そして他者が必要なときにはそれが提供できる双方向性というか、コミュニティーの感覚が強い気がするのでカタカナのままにします。

（2）この段落の最後に書いてあるように、「ワクワクし、挑戦しがいのある授業が起こり続ける学習コミュニティー」のことを意味します。ブログ「PLC便り」で二〇一八年一一月一一日号を読んでいただければ分かりますが、「innovation」「engagement」「agency」という三つのキーワードで動いている学習環境とも言えます。

（3）一八～一九ページを参照ください。

生徒のＺＰＤがクラスメイトのそれよりも低かろうが、高かろうが、そこにいることが安全かつ快適と思えることが大切となります。たとえば、高校二年生が、一般的には小学校高学年で読まれる『穴』(4)を読んで、「作家の選択が、物語の構成や展開にどのように影響しているかを分析するため」に選べるといったようにです。

興味関心をベースにした選択をすることも感情的なリスクを伴うことになります。たとえば、小学六年生の女生徒が「伝記」という単元で有名なフットボール選手について読むという選択をすることは、通常の性的な役割意識には馴染みませんし、小学三年生がアメリカ植民地時代の生活について学んだことを発表する際に歌を書いて歌うという選択をしたら、みんなの前で歌うというチャレンジをすることになります。もし、クラスメイトから冷笑や批判を受けると思ってしまったら、これらの生徒は一番よく学べる方法が選択できなくなってしまいます。

より多様で複雑な学び

選択肢を提供することが機能するためにはクラスの人間関係がよい状態であることが大切ですが、その二番目の理由は、より複雑な学びを可能にするからです。学ぶことに関して生徒がより多くの選択肢をもっていると、取り組む内容がより多様で、より健全でダイナミックな学びの環境をつくりだします。そこでは、生徒が互いに協力し、サポートしあう必要があります。

「生徒会員が同じことをしていても個々の生徒を管理するのが大変なのに、彼らが違ったことをしていたら、どのようにしてすべての生徒を助けることができるのですか？」と、質問する教師がいます。手短に答えると、それは常に簡単ではありません。だからこそ、生徒たちにはお互いを頼りにする必要があるのです。教師は、生徒が学びのサポート、問題解決のアドバイス、コーチング、そして刺激を相互に得るために、クラスメイトと教師の両方が活用できるだけのコミュニティーをつくらなければなりません。

育む条件

生徒たちが健全な学びに打ち込めるような教室にするためには、考え抜いた仕事を教師がしなければなりません。祈るだけでは、みんなが協力しあうクラスにはなりません。私の元同僚は次のように言いました。

（4）ルイス・サッカー／幸田敦子訳、講談社文庫、二〇〇六年。

図２－１　サポーティブな環境をつくりだすための三つの条件

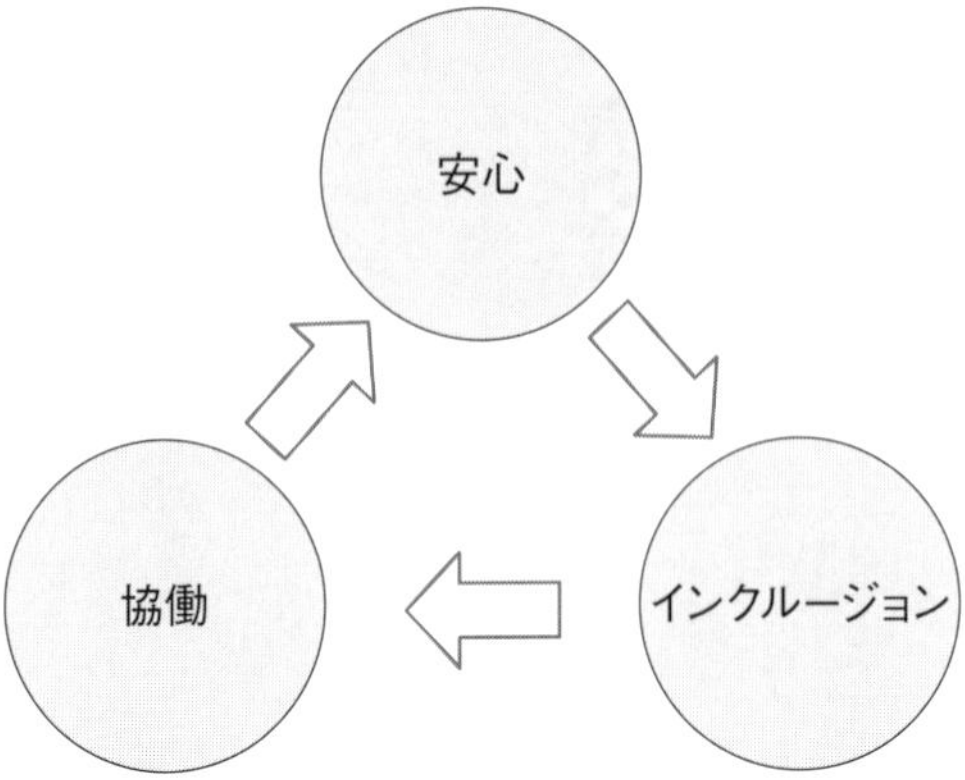

「学級経営の方法が求められているのではありません」

その代わりに、まず生徒に示す必要がある条件について考え、それを踏まえて、それらの条件を満たすことができるように、練習できる環境をつくりださなければならないのです。**図２－１**で示すように、よい人間関係を築くために育まなければならない条件が三つあります。

安心――リスクを伴う選択をするため、生徒たちが安心だと思える環境が必要である。

インクルージョン――生徒たちが、クラスに対して肯定的なつながりの意識をもてるようにする。肯定的なつながりとは、お互いを知っており、個々の強みや肯定的な特徴を評価しあう関係である。このような関係があることで、求められるものがよりダイナミックで高度な作業を行う場合でも、相互に助け合ったりアイディアを共有しあったりすることができる。

協働——生徒たちは、協力しあいながら作業をする必要がある。また、選択肢が提供されているクラスはより多様なパートナー（組み合わせ）を提供することになるので、学習に対して効果的に取り組めるだけのスキルを身につけておく必要がある。

本章を書くにあたって難しかったことは、絡み合っている内容を順序立てて書くことでした。一般的に、辞典でもないかぎり本は最初から読まれるものだからです。しかしながら、**図2－1**に示した三つの特徴は混在する形で存在していますし、しかも直線的にはつながっていません。インクルージョンと協働は、言うまでもなく安心感を抱く際に不可欠なものです。また、効果的な協働に、安心とインクルージョンは欠かせません。本書を読み進んでいく間、これらのことを忘れないでください。

紹介している方法は、どんな順番でも、いかなるやり方でも試すことができます。なんと言っても、生徒たちのことを一番よく知っているのはあなたなのですから。彼らのニーズ、強み、そしてクラスの様子をよく見てください。そのうえで、本質的かつダイナミックで、質の高い学びに取り組む場合に必要とされる選択をする際、どのようなアイディアが生徒たちをサポートするのにもっとも適しているのか判断してください。

目標をもった人間関係づくり

学習環境のソフト面でもっとも重要な要素の一つは、肯定的な人間関係を築くことです。生徒は、自らのことを教師やクラスメイトに知ってもらえており、「つながりがある」と感じる状態を望んでいます。

真の学び[5]（それをつくりだすために寄与するのが「選択する学び」）における顕著な特徴は、感情的な脆弱性を伴うことです。それゆえ生徒は、自分の周りにいる教師やクラスメイトを信じられる環境を望むのです。教師にとっては、生徒たちと、そして生徒たち同士が肯定的な人間関係が築けるようにすることがもっとも重要な仕事となります。

教師と生徒の関係を育む

生徒たちが教師を信頼できることはとても大切です。これについては有力な証拠があります。生徒たちは学校で自分がどのように扱われているのだろうかと、成績や意欲だけでなく、精神的な健康面においても関連していることが各種の研究結果によって明らかとなっています（参考文献15参照)。

学びの責任が生徒たちに移行しているクラス(6)では、教師に対して生徒が安心感を抱いていることが重要となります。生徒たちが安心感を抱くときこそ、学びにおける真のチャレンジができるのです。また、ZPD(今日誰かの助けでできたことは、明日は一人でできる領域)でよく学ぶためにはコーチングやサポートが必要ですので、求めればすぐに得られるという経験と環境が大切となります。

生徒とよい関係を築くための方法はたくさんあります。以下のリストが、あなたを正しい方向に歩むためのよいアイディアとなるはずです。

生徒たちをよく知る――生徒に、学校以外での興味関心や行っている活動について尋ねてください。また、友だちや家族についても尋ねてください。それらの回答が記録できる簡単なファイルを作成して保管し、書かれた情報について、継続的に生徒と話すようにするのです。

自分のことを紹介する――あなたの興味関心、家族のこと、学び手としての自分を生徒たちに紹

(5) 脆弱性ないし脆さについては、ブレネー・ブラウンのTED動画がおすすめです。
(6) 具体的にどのようなクラスなのか、イメージをつかみたい方は「作家の時間、オススメ図書紹介」で検索して見られるリストのなかから興味のもてるものをご覧ください。

介してください。生徒たちがあなたのことをより知れるように、あなた自身の情報を織り交ぜて伝えてください。

もっともよい自分でいる——温かくて親しみやすく、親切かつ笑顔でいてください。信頼と尊敬に値する人であり続けてください。

生徒とよい関係を構築することは、生徒が信頼関係を確認し、安心感をもてるだけでなく、教師が提供できる選択肢の幅を広げるときの助けともなります。生徒のことをよく知ることができれば、彼らによりぴったりの選択肢を提供することができるのです。

生徒同士のよい関係を築く

ほとんどの生徒は、一部のクラスメイトとはよい関係が築けていますが、ほかの生徒とはあまりよい関係を築くことができないものです。言うまでもなく、生徒全員が多様なクラスメイトとともに協力して学ぶことが大切です。そのためのスキルを生徒が身につける際、一人で取り組むのか、またはパートナーと取り組むのかという選択をするかもしれません。あるいは、ブッククラブ[7]のメンバーと読む本を選択するかもしれません。

クラスメイトの誰とも一緒に取り組めないというクラスでは、何をしたいかではなく、誰かと一緒に取り組みたい（あるいは、取り組みたくない）という希望を優先してしまうかもしれません。しかし、教師であるあなたは、一緒に取り組みたい相手を選択するのではなく、生徒のニーズにあった選択をしてほしいはずです。だから、ほとんどのクラスメイトと気楽に一緒に取り組めるように、生徒同士がよく知れるようにする必要があるのです。

たくさんの指導内容をできるだけ早く教えなければならないという現実の状況は、クラスでよい関係づくりを行うための時間確保をかなり難しくしています。しかし、よい関係を築くための時間を省くことはできません。

生徒たちが互いをよく知り合うための活動をする際に大事となるポイントを、以下にまとめておきました。(8)

(7)　本は決して一人で読むものではないことをブッククラブが教えてくれます。その意義とやり方については、『読書がさらに楽しくなるブッククラブ』が参考になります。

(8)　訳者は、この点に関しては一九八〇年代から大切だと思ってきました。本書で紹介されている事例以外の方法をお知りになりたい方は、国際理解教育センターが直販している『いっしょに学ぼう』『いっしょにできる』などや『会議の技法』、『増補版「考える力」はこうしてつける』を参照してください。

よい関係づくりは計画され、教えられるべきである

生徒同士のよい関係づくりを成り行きに任せるわけにはいきません。授業で扱う目標やスキルと同じように、あなたが望む生徒たちのやり取りや関係を事前に考えて計画し、そして教える必要があります。

生徒たちのよい関係が成績をよくする

生徒たちは、互いに我慢しあったりするのではなく、互いに受け入れられる関係であるべきです。また、一日中、仲良くやり取りが行えるようになるべきです。教師は、好ましくない生徒のやり取りや意地悪な中傷、そして排他的な行為を許すべきではありません。

おしゃれな生徒、運動ができる生徒、人気のある生徒だけでなく、すべての生徒が受け入れられていると感じる必要があります。それが実現できたら、生徒たちは学校とより強い結びつきをもつようになり、よりよく学ぶことができます。

関係づくりは継続して行われる

よい関係づくりは、年度当初の優先事項ですが、もちろん、それは最初の一週間や一か月で終わるものではありません。年間を通して、同僚とのやり取りはもちろん、教室でのよい関係づく

りを日々の仕事として捉えなければなりません。

次に紹介するのは、よい関係づくりを助ける簡単な方法です。

学習活動に関係づくりを組み込む

協働的な活動をはじめるとき、生徒同士が互いに知り合う活動からはじめます。

「みなさん、理科の授業に入る前に、次のチャレンジに取り組んでください。二分間で、グループのメンバーがもっている共通点にはどのようなものがあるのかについて、できるだけたくさん挙げてください」

ペアやグループのメンバーを頻繁に替える

ペアやグループのメンバーを頻繁に替え続けるのです。全員がみんなと活動するようになると、親しい友だちだけでなく、ほかの生徒も尊重することを学びます。言うまでもなく、クラスの雰囲気がよりインクルーシブで、サポーティブなものになります。

プロジェクトの時間は役割を分担する

グループ活動が行われるとき、積極的で優秀な生徒がその場を取り仕切り、控えめな生徒は目立たないように振る舞いがちとなります。つまり、肝心なリサーチをする役、まとめを書く役、そして展示するポスターの色を塗る役といった具合に役割が決められてしまいます。

このような状態になることを避けて、メンバー全員に、価値があり、重要な役割を担ってもらうように促します。

毎日決まって行うこと（ルーティン）をコミュニティーづくりに活用する

多くの小学校では、互いにつながり、共有しあい、そして遊び感覚が芽生えるよう、サークル（円）になって朝のミーティングをすることからはじまります。多くの中学校や高校でも同じく、少人数の生徒と気にかけてくれる大人が集まって互いにつながり、サポートしあうというアドバイザリー[9]の時間からはじまっています。

このようなルーティンは、強固なコミュニティーづくりに役立ちますし、学習中におけるチャレンジをサポートすることになります。

毅然とした規律

学校の規律は、安心安全で助け合える環境をつくるために役立つか、またはその逆に機能してしまうかのいずれかとなります。学校の規律および運営は、明確かつ信頼性があり、生徒と教職員に対して敬意を表しているでしょうか？　もしそうなら、教職員が整然とした学校を維持してくれると生徒たちは思いますので、学校に馴染めるはずです。このことは、安心できたり、人気がある選択肢を選んだりするのではなく、自分にとって真に意味のある選択を可能にします。

学校の規律は、しばしば二つの異なる種類の、しかもかなり大きな問題に分類されます。一つ目としては、規律が非常に権威主義的で、懲罰的であるという問題があります。教職員がすべてのパワーとコントロールを振りかざしており、不安、脅し、褒美、恥といったことが生徒に適切な行動をとらせる方法として使われています。

もう一つは、規律が緩やかで、弱いという問題があります。こちらの場合は、生徒が適切に行

（9）　ホームルームに代わるアドバイザリーの様子について詳しくは、『シンプルな方法で学校は変わる』の二一三～二二九ページを参照してください。ひと言で言うと、大学のゼミ的な関係です。

動することを願うだけとなり、生徒は頻繁にルール破りを試したり、クラスの誰か（場合によっては教師も？）を見下したりする行為を繰り返すことになります。

両方の問題とも不安定な状態をつくり、生徒が学業面でチャレンジすることを難しくします。

理想的には、教職員は毅然とした態度をとりつつも、パワーとコントロールを生徒とシェアすることが求められます。教師は、すべての生徒がクラスのよい構成員になりたいと思っていると信じると同時に、すべての生徒が間違いを犯す可能性があり、コーチングと指導が必要であると認識することが大切です。そのような状況であれば、生徒は礼儀正しい行動を期待されていることが分かりますし、問題を抱えた生徒の場合は、共感する教師によって優しく、しかし毅然とした指導によって軌道修正されることになります。

また、規則に関する効果的な目標は生徒の自制心を培うことであると教師が認識していますので、責任感をもち、敬意を払え、そして気遣えるようになるための方法やスキルを生徒は教えてもらうことが可能となります。

このようにしてつくられたクラスでは、生徒は自分に本当にあった選択をすることが安全であり、もがいたり、間違えたりすることがあっても、サポートや共感によって（クラスメイトや教師に）受け入れられていることを知ります（**表２－１**を参照）。

効果的な規律の方法に関しては、巻末の参考文献一覧に掲載している③と⑳が役立ちます。

表２－１　規律で避けるべきこととするべきこと

……の代わりに	試してみる
・**公にする制度** 名前を黒板に書いたり、生徒を「赤、黄、緑」で分類したりすると、生徒たちの恥、不安、抵抗の原因になる。	・**協力してつくった規則** 自分たちが素晴らしいことができ、互いに気遣いあうコミュニティーをつくるにはどうしたらよいかと尋ねる形で、生徒と一緒に規則をつくる。
・**怒鳴る** 腹を立てたり、欲求不満で教師が怒鳴ったりすると、コントロールを失い、生徒を怯えさせることになる（声を荒げるのは、安全でない行為を止めるためだけに使われるべきである）。	・**モデルで示す** 生徒に何が求められているのかを示し、練習をし、必要があれば繰り返す。
・**罰する** 自分が悪いと思えないと、よい行動はとれないというのは間違っている。これは、もっとも広く行われている間違ったしつけの方法で、もしこれが機能しているなら、私たちはすでに問題を解決しているはずだ。	・**経緯のある罰** 誰かが雑な作業をしてしまったときは、やり直すのがよい。 誰かが言ってはならないことを言ってしまったときは、詫びるのがよい。 罰は、分かりやすく、かつシンプルにしておくのがよい。 償わせるのではなく、間違いを訂正する。

使う言葉がクラスの空気を決定づける

かつて、臨床心理学者のハイム・ギノット（Haim Ginott, 1922～1973）が述べたように、教師は教室の空気と雰囲気を決定づけます。

> 私は驚くべき結論に達した。私が、クラスを左右する決定要因なのだ。私が個人的にどのような態度をとるかによって、クラスが寒々としたものとなるか暖かいものになるか、その気候が決まる。私の毎日の気分によって、晴か雨かその天候が決まる。子どもの生活をみじめなものにするか、あるいは楽しいものにするかを支配するという恐ろしい力を、一教師としての私が持っているのである。
>
> 私は拷問の道具にもなれるし、インスピレーションを与える媒体にもなれる。恥をかかせるか、ユーモアとして受け取られるか、子どもの傷を深くするか、その傷をいやすか、あるいは危険な状態がより悪くなるか、反対によくなるか、そして子どもが人間らしくなるか、人間性のないものになるかを決定するのは、いかなる場合においても私の反応にかかっているのである。（参考文献13の邦訳一〇ページより）

言葉は教室の空気を決定づけます。[10] もし、教師の言葉が優しくて誠実で、サポーティブでプロフェッショナルなものならば、生徒たちは安心します。また、教師が話す様子を見習う形で、生徒自身はほかの人たちとどのようにかかわればいいのかについてヒントを得ることもできます。もし、教師が皮肉っぽく、屈辱的で不快な接し方をしたなら、すぐにそれを真似ることでしょう。そのような状況では、インクルーシブで協働的な取り組みは不可能となり、自分に適したレベルや自分のニーズ、そして興味関心にあった選択をすることが困難になります。

教室をよりサポーティブで安心できる場にしたいなら、使う言葉は、競争ではなく協働、量ではなく質、比較ではなく振り返りを重視しなければなりません（**表2－2**を参照）。

言葉というものは、このうえなく微妙なものです。声のトーン、文化的な基準、ボディー・ランゲージ、相互の関係、そのときの聞き手のムードなどによっても大きく影響されます。自分の使う言葉が、単に率直なのか、必要以上に刺々しいのか、皮肉なのか、辛辣なのか、そして親切なのかとても感傷的なのかについて判断することは非常に困難となります。

しかし、試す価値のある方法があります。あなたが分析したいと思っている言葉を思い浮かべ

---

(10)　このテーマについて書かれた本がピーター・ジョンストンの『言葉を選ぶ、授業が変わる！』と『オープニングマインド』の二冊ですので、ぜひ参考にしてください。それだけでなく、子どもたちの見方や考え方、学びの質や量、さらには未来まで決定づけます。

表２－２　避けるべき言葉と使うべき言葉

状況	……の代わりに	試してみる
・クラスは、これから取り組む単元の選択肢についてブレインストーミングをしようとするところ。	・「誰がよいアイディアを発表してくれますか？」（自分のアイディアは「よい」かどうか分からないので、何人かの生徒は発表できない。）	・「誰か、紹介してくれるアイディアをもっていますか？」
・生徒がアマゾンの熱帯林に関する記事を選択しようとするところ。	・「最初の記事はとても簡単ですが、３番目の記事はとても難しいです」（何人かの生徒は、よい印象を与えたいという理由で、難しい記事を選ぶかもしれません。）	・「これらの記事を読んで、一番自分にあっていると思うのを選んでください。すべてに、とても貴重な情報が盛り込まれています」
・何人かの生徒が作業エリアをきれいにすることになっているが、一人しかしていない。	・「マーカスが上手にきれいにしているところを見てください」（マーカスはきまりが悪く、ほかの生徒たちは恨みがましく思っているかもしれません。）	・「全員が今はきれいにしていることを思い出してください」
・生徒たちは異なる三角形の面積を計算しようとしているのに、ジーニーは窓の外を眺めている。	・「ジーニー、あなたはまだ三つの問題しかやっていないのですか？　ほかの子どもたちは、すでに六つか七つやっています。早くしなければなりません」（速さと比較を強調することで不安を生み出し、力不足を感じさせるかもしれません。）	・「ジーニー、集中し直してください。もし、助けが必要なら教えてください」

てください。それを使った状況を、教室の中から職員室に移してみるのです。同じ言葉を校長が職員会議で使ったらどうなるでしょうか？　教師として、あなたは安心できますか？　仲間として扱われていると思いますか？　そして、協力することができますか？　その言葉が使われたことで、あなたはリスクを冒してでも挑戦しようと思いますか？

平等なクラス

　教室にいるすべての生徒に、質の高い選択肢が平等に与えられるべきです。ほかの生徒たちがもっているのに一部の生徒だけに得られないものがあると、その生徒たちは低く評価されたと思い、怒りを感じるかもしれません。

　また、一部の生徒は頻繁に呼ばれるのに別の生徒は声をかけられなかったり、一部の生徒は高い期待をもたれているのに別の生徒は期待されていなかったり、一部の生徒だけ教師との関係が明らかに近かったりすると、学習環境は協働的というよりも競争的なものとなり、インクルーシブというよりも排他的なものに感じられます。このような状況では、一部の生徒は確実によい選択をすることはできません。

名前を大切に考えて、生徒の希望どおりに呼ぶ

生徒の名前をちゃんと呼ぶという単純なことが、驚くほど大きな影響を与えます。

最近、私はある中学生と、彼の好きな先生について話をしました。彼はほとんどの教師のことを好きと言っていましたが、ある教師の話題になったとき、あきれた表情をしました。

「B先生が僕の名前を呼ぶことはありません。いつもです。彼女は、僕たちのことを『かわいい子』とか『（愛しい）あなた』と呼ぶだけです。お願いだから、やめてほしいです！　僕たちは彼女の孫ではなく生徒なのです」

彼は、「かわいい子」と呼ばれることで明らかに見下されていると感じていましたが、私は別の面でその不満に気づきました。その教師は、すべての生徒に対してそのように呼んでいなかったのです。一部の生徒だけだったのです。

ひょっとしたら、全員の名前を知らないだけかもしれません。あるいは、一部の生徒だけ、ほかの生徒たちよりも好きだったのかもしれません。いずれにしても、一部の生徒は名前で呼ばれ、ほかの生徒は名前で呼ばれないという状況は、コミュニティーとしてのクラスのあり方を弱めるだけです。呼ばれたい名前で生徒たちを呼んであげることを忘れないでください。

同じレベルで、生徒同士が互いに名前で呼び合うことも大切です。バカにされたり、ふざけす

ぎていたりするようなニックネームは、教室の中で使わせるべきではありません。そう呼ばれる生徒たちの帰属意識や、大切にされていないというマイナスの影響があるからです。年度当初、みんなが互いの名前を覚えるまでは名札をつけるとよいでしょう。転入生やゲスト・ティーチャーが来たときも、全員が名札をつけるようにしましょう。

教師が行う質の高い注目を、生徒全員が得られるようにする

あなたは、女子を男子と同じぐらい指名していますか？　あなたには、より多くの時間を過ごす生徒がいる一方で、関係を結ぶことが難しいという生徒はいますか？

もちろん、すべての生徒に対して、同じ量の質の高い時間を費やすことは不可能です。しかし、コミュニケーションにおいて生徒が発信しているメッセージを意識することは大切です。特定の生徒だけに良質の質問をして、ほかの生徒には問いかけをしないという行為はどのようなメッセージを発信していることになるでしょうか？　また、特定の生徒だけ学業のことではなく問題行動ばかりで名前を呼ばれているとしたら、彼らは（そしてクラスメイトも）いったい何を考えるでしょうか？

授業をスマホかタブレットを使って録音し、どのようなパターンが現れるか確認してみてくだ

さい。あるいは、クラスの名簿を使って、あなたが授業中にかかわった生徒をチェックしてみてください。これらは、より平等なクラスを築くために、あなたがどのように接しているのかを明らかにするための情報を集める方法です。

すべての生徒が同じ資料を使うことができる

もし、一部の生徒だけ良質の教材を使えるようにし、ほかの生徒には使えないとしたら、どのようなメッセージをあなたは送っていることになるでしょうか？　ほかの生徒には特定の選択肢が提供されているのに、あなたには提供されていなかったとしたら、あなたは学び手としてどんな気持ちがしますか？　ＩＣＴ[11]や文房具などを家から持ってきてもよい生徒がいて、それらをみんなが使えない場合、憤りを感じる生徒がいてもおかしくありません。

私は、このことに関してはルールを設けています。それは、教室に持ち込まれたものは何でも全員が使えるというものです。もし、ある生徒が特別なタイプのマーカーを持ってきたら、誰もがそれを使うことができるようにします。もし、自分（と友だち三人）だけが使うためなら、マーカーを家から持ってくることはできません。

仮に、すべての生徒にポートフォリオ用の三穴バインダーを必要とするなら、各自の責任で持ってこさせるのではなく、学校が全員の分を購入します。各自に任せてしまうと、一部の生徒は新しくてきれいなバインダーを持ってくるのに、残りの生徒たちが使い古されたものを持ってくることがあり得るからです。最善のものを持ちたいという何人かの欲求よりも、クラス全体がどのように感じるかを優先し、よりよいクラスの雰囲気をつくりだすことが重要なのです(12)。

よい人間関係を築きやすい教室のデザイン

部屋の装飾が、人の気持ちにどれだけ影響を与えるかについて考えたことがありますか？　高級レストランの照明、アートワーク、植物、そしてすてきなお店の自然光や魅力的なディスプレイの大切さを考えてみてください。あなたの学習環境を安心でサポーティブなものにしたいなら、そのような重要な要素を促進するスペースづくりを考える必要があります。

(11)「Information and Communication Technology」の略で、通信技術を活用したコミュニケーションを指します。

(12)「平等か、公平／公正か」は、もっとよく考えるべきテーマだと思います。訳者は『ようこそ、一人ひとりをいかす教室へ』に出合った二〇年前からずっと考えさせられています。「ＰＬＣ便り、あなたは平等派？　それとも公正派？」および九ページの訳注（３）もご覧ください。

居心地のよさ

読んだり、書いたり、計画したり、振り返ったりするとき、あなたの好きな場所のことを考えてみてください。そこは、快適な椅子と心地よい雰囲気の喫茶店かもしれません。あるいは、近くにある図書館の、自然光が入ってくる窓のそばのテーブルかもしれません。

その場所がどこであろうと、共通する特徴を言い当てることができます。光は心地よく、色は落ち着いていて温かく、装飾は魅力的で、スペースがきちんと片づいており、そこにいるスタッフや人々は礼儀正しくて、あなたの助けになってくれることでしょう。

クラスづくりをするとき、単に配置を考えるのではなく、素晴らしい仕事ができるように空間をデザインしてみてはいかがでしょうか。生徒が安心安全と思え、クラスメイトと一緒に取り組め、あなたも毎日来るのが楽しくなるクラスづくりをするのです。

そのとき、多様な空間が配置されるようにしましょう。もちろん、生徒の好みや学び方のニーズなども踏まえる必要があります。静かに取り組める快適な椅子が置かれたスペース、小グループでの作業がしやすいテーブル、そして生徒のニーズと作業内容に応じてすぐに配置換えができるようなスペースなどです。

協働と共有を促進するスペース

ケイリーは、革命の時代（一七五〇年～一九一四年）のユニットを学習する一環として、フランス革命に登場する主要人物を取り上げるプロジェクトを計画しています。厚紙を使って、いくつかの出来事を一緒に紹介することができる三次元のディスプレイをつくろうとしているところです。

ケイリーと同じテーブルで、ラップトップ・コンピューターで作業をしているブライアンは、ケイリーがしていることにとても興味をもち、それについて尋ねました。彼は、ゲティスバーグの戦い(13)のヒーローであるジョシュア・ローレンス・チェンバレンに焦点を当てた、パワーポイントのプレゼンテーションを用意していたところです。

複数のシーンを紹介することが、ブライアンの思考を刺激しました。それで彼は、複数の特徴を一度に示すために２×２の枠を使ってスライドをつくりだすことにしました。

（13）一八六三年にペンシルバニア州のゲティスバーグで行われたアメリカ南北戦争最大の戦いで、北軍が南軍の北進をくい止め、流れを変えました。

ＴＥＤ《テッド》の動画で見られるスティーブン・ジョンソン（二九ページ参照）は、「よいアイディアはどこで生まれる？」のなかで、ヨーロッパの啓蒙運動の一環として、コーヒーハウスで新しいアイディアが咲き誇ったことの重要性について言及しています(14)。アルコールからカフェインへの転換は大きな要素となりましたが、もう一つ重要なことはコーヒーハウスという空間構造でした。心地よい椅子に向かいあって座れ、居心地のよい雰囲気に包まれていたのです。

「さまざまな分野の専門家が、この空間を共有しました。それは、マット・リドリー（Matt Ridley）が言うところの、アイディアがセックスをする空間です。つまり、アイディアが交じりあう空間でした」（参考文献17参照）

後者の比喩は生徒に紹介できるものではありませんが、協働的な教室にはふさわしいものだと思います。最高のアイディアは、新しい何か刺激になるアイディアを二人の人間が共有したときに生まれます。私の友人の一人は、それを「付随的な学び」と呼んでいます。つまり、あらかじめ計画されたものではなく、ある程度計画された状況のなかで、突発的に起こった学びなのです。言うまでもなく、極めてワクワクする体験であり、生徒が学ぶ際により多くの選択肢を提供することで得られる素晴らしい効果の一つでもあります。

協働を志向するためにデザインされた教室は、座席の配置も生徒たちが容易に変えることができ、また共有しあえるようになっています。要するに、机や椅子の配置が、生徒たちに協力して取り組むようメッセージを発信しているわけです。それに対して講義型や馬蹄形といった机の配置は、教師が中心であることを意味します。また、楕円形のハークネス・テーブル(15)も、全員が教師を見るのではなく、生徒たちが対等な関係で互いに見合って話し合う空間だというメッセージを発信していると言えます。

大切なことは、協働を志向する教室であれば、生徒同士の話し合いが多くなるということです。教師が行う講義中心の授業なら、確かに兵隊並びの配置のほうが好ましいでしょう。一方、生徒たちが顔をあわせて座るなら、彼らは話し合うことにより多くの時間を費やし、教師の話を聞く時間が短くなります。自分たちで選択したワークタイム（個別学習）の取り組みを増やすだけでなく、その時間をうまくミニ・レッスンやほかの活動と組み合わせるようにしてください。テーブル（少人数）での話し合いやパートナーとの話し合いは、一日を通じて生産的なやり取りを可能にしますし、協働するための練習機会を提供するだけでなく、学習に集中する場合にも役立ちます(16)。

---

(14)　それまで人々は、水が安全なものではなかったため、朝から夜までアルコールを飲んでいました。お酒の代わりにコーヒーや紅茶を飲めるようになっただけでなく、喫茶店ができたことで酔っぱらわずに会話を交わせるスペースが誕生したのです。これによって、多様なアイディアを交換することができるようになりました。

(15)　このテーブルを使った授業の実践については、『最高の授業』を参考にしてください。

椅子や机は自分のものからみんなのものへ

教室の中にある特定のものを「自分のもの」（自分の椅子、自分の机）と捉えず、教室全体を「自分たちのもの」（みんなの椅子・机・テーブル）と捉えられるようになると教室の空気が変わります。

座席を指定する

席を自由にするのは、年度の後半でいいでしょう。生徒が選択したことを学ぶときや、あなたが指定したグループなどにおいて、どこに座るかについては決めておいたほうがよいでしょう。「ジャマル、デスティニー、サラ、リチャードはこのテーブルに座って、最小公倍数を見つけてください。ミカ、ダイアモンド、ジェスイー、ローマンは、分数を少数に変換する練習を選んだので、あのテーブルに行ってください」といった具合です。

こうすることで、生徒たちに安心感が提供されると同時に、仲良しの友だちだけでなく、ほかのクラスメイトとも一緒に取り組める機会が提供されることになります。もし、自分たちでグループをつくる際には、互いにサポートとコーチングをしあうように仕向けてください。[17]

取り組むエリアの名前をつける

集まる場所に名前がつけてあると分かりやすいものです。小学校の低学年の場合は、色や動物の名前などを使うとよいかもしれません。学年が上になると、スポーツチームや大学の名称（「もし、書いた作品の修正や校正に取り組みたくて誰かの助けが欲しいときは、ボストン・カレッジかタフツに行ってください。もし、静かに下書きに集中したければ、ノースイースタン、ブランダイス、ボストン大学に行ってください」(18)など）、あるいは扱う内容に関連した名称（「Xの実験をする人たちは、ニールス・ボーアかスティーヴン・ホーキングのコーナーへ、Yの実験に挑戦する人は、マックス・ボルンかアイザック・ニュートンのコーナーへ行ってください」など）を使うとよいでしょう。

---

(16)　このような環境での授業が実現している様子は、『リーディング・ワークショップ』『読書家の時間』『ライティング・ワークショップ』『作家の時間』『ようこそ、一人ひとりをいかす教室へ』『ＰＢＬ　学びの可能性をひらく授業づくり』などに描かれています。

(17)　従来の生徒同士で「教え合いをさせます」や「学び合いをさせます」とはニュアンスが異なるアプローチが必要となります。その際にもっとも効果的なのが、「ＰＬＣ便り、大切な友だち」で検索して見られるアプローチですので参考にしてください。

(18)　これらはすべてボストンおよびその近郊にある大学の名前です。

お気に入りの椅子

朝のはじまりや特定の授業において、各自のお気に入りの椅子に座れるようにすることも生徒に安心感を与えます。その後、各自が選択した学びに応じて適切な場所に移動するのです。

競争を再考する

新任教師のとき、私は算数を教えるために「世界一周[19]」というゲームを取り入れました。クラス全員が輪になって座ります。二人の生徒が立って、たとえば「７×６は？」といった問題を出します。最初に正解を言った生徒が輪の中で一人分だけ上に移動します。間違えると、その生徒は輪から出なければなりません。このゲームの目的は、生徒が元にいたところからどれだけ遠くまで行けるかというものです。

つまらない算数の練習を楽しくやろうというもので、決して私のねらいは悪くなかったと思います。しかし、このゲームに熱心に取り組んだ数人の生徒（問題の答えをほとんど知っている子どもたち）に騙されて、このゲームの「問題点」に気づくのに時間がかかってしまいました。

実のところ、ほとんどの生徒がこのゲームを嫌っていました。彼らはあまり答えられないことを知っていたので、ゲームの間じゅう静かに耐えていたのです。なかには、腕を組んで、床をじっと見つめている生徒もいました。間違った答えを言って恥をかくよりは、おとなしくしていることを選んだのです。

もっとも重要なことは、このゲームの競争的な側面が学びを生み出していなかったことです。すでに正解を知っている生徒にとっては練習になり、優越感を抱くことができました。一方、まだ答えを知らない生徒にとっては練習にもならず、知らないことが明らかになるだけで、算数に対する不安感を高めただけでした。

このような競争は、クラスのなかに「不満」を生むだけです。生徒同士の関係を悪くして、協力して取り組むことが難しくなってしまいます。よく勝つ生徒は「できすぎる」とからかわれる（負けたことによってないがしろにされたと感じた生徒による防衛手段）と同時に、答えられないクラスメイトを見下したうえ、彼らを協力できる仲間とは思わなくなります。加えて、競争の雰囲気が、一部の生徒に簡単な問題だけを選ばせたり（間違えたくないので）、頭がいいと思われたいために難しすぎる問題を選ばせたりします。したがって、競争的な活動ではなく、楽しく、全員が安心できる活動を選ぶことが賢い選択となります。

(19)　詳しくは、https://icebreakerideas.com/around-the-world-game/ を参照してください。

活動やゲームのなかには、表面上は競争的なものでなくても、よく見ると生徒同士を比較していたり、競争させたりしているものがあります。学びの成果を公にする形（名前を黒板に書いたり、赤・黄・緑のカードを出したりなど）や、どの生徒が到達目標を達成しているのかを示す表を貼り出したり、ほかの生徒が見習うように「最高のでき」とされる作品を紹介したり、生徒に宿題の点数をつけさせたり、成績順にテストを返したりする方法などは、すべて比較することを促す活動なので避けるべきです。

競争にも居場所はある！

もちろん、すべての競争が悪いというわけではありません。実のところ、私は競争することが好きです。私は、子どものころから大学まで競泳チームに入っていました。いまは五キロ走をしていますし、ビデオゲームの「Words with Friends」を毎日していますし、フィットネスの友人が、毎日、少し多めにエクササイズすることを助けてくれています。多くの生徒も、人に負けないことを生きがいにしていることでしょう。そこで、学びにおいて選択肢を提供する際に効果のある競争の使い方について考えてみましょう。

生徒に競争を選択させる

競争が好きな生徒には、それにあった選択肢を提供することを考えるべきです。たとえば、暗算の練習をする一つの方法に「電卓と競争する」というゲームがあります。二人の生徒に問題を与え、一人は頭の中で計算し、もう一人は電卓を使うのです。競争なしで練習をしたい生徒には、フラッシュカード[20]に取り組むという選択肢を提供します。

別の例としては、「ea」のように、二つの母音が続く単語の発音の仕方を練習する方法として二つの選択肢があります。一つは、いま読んでいる本のなかからそれを探すか（競争的なものでない方法）、小グループでワードゲームの「Boggle」を行って競争することもできます。この場合、教師があらかじめ作成しておいた「ea」の発音を意識したワークシートを使うといいでしょう。

このような選択肢を提供することで、生徒は自分にあったやり方を選ぶことができるのです。

学習に集中できるように助ける

いま紹介した活動において生徒たちが競争に取り組むときは、勝ち負けよりも取り組んでいる内容について強調しなければなりません。

---

(20)　たくさんのカードの表面には質問が、裏面には答えが書かれていると思われます。

たとえば、「ea」の発音を練習したあと、「誰が勝ちましたか？」と尋ねるのではなく、「eaが含まれているどんな面白い単語を見つけましたか？」と尋ねるのです。もし、生徒たちが競争にのめり込んでいることに気づいたときは、「ゲームを楽しんでもいいですが、いま練習しているスキルの大切さも忘れないでくださいね」と声をかけてください。

協力／協働のスキルを教える

さまざまな状況で常に選択を意識した学習環境をつくりだすためにあなたができるもっとも大切なことは、生徒が互いに協力しあえるスキルをもっているようにすることです。とくに、年長の生徒に対しては、彼らがすでにそのスキルをもっているはずだと思いがちです。「さあ、協力してください！」と要求し、しばらく様子を見て、「あなたたちはグループで協力する方法を知っているはずです！」と戒めることになります。

実際のところ、私たちは生徒が成功するためにそのスキルを教える必要があるのです。どのように教えるのかは、生徒のニーズと彼らが取り組むことになる選択を踏まえた活動によって変わります。八六ページに掲載した**表2－3**では、あなたのアイディアを刺激するためにいくつかの例を紹介しました。

社会的感情的スキルはとても重要なものですが、本書でその習得方法を網羅的に紹介することはできません。その代わり、生徒たちが効果的に協力／協働するために必要となるスキルを身につけるアイディアをいくつか紹介します。

社会的感情的スキルを教える

「かけ算をしなさい！」と言う場合と同じレベルで「協力しなさい！」と生徒に求めることは、決して十分とは言えません。どのようにしたらよいのかについて、各ステップが分かるように説明してあげてください。

社会的感情的スキルを通常の授業に組み込む

取り組まないといけない課題を完成させるために、生徒はどのようなスキルを身につける必要があるでしょうか？[21] それらのスキルを授業に組み込む形で教えてください。たとえば、ライティング・ワークショップで効果的なカンファランスを行うためには、話すときに目と目を合わせる必要があります。あなたがモデルとなってそのカンファランスをリードし、目と目を合わせた話し合いに注目させ、それを練習するように促せばよいのです。[22]

表2－3　いくつかの協力／協働のスキルの例

状況	生徒たちが必要かもしれないスキル	スキルを身につけるためのアイディア
・一部の生徒は頻出単語(*)をパートナーと練習することを選びました。彼らは、自分たちでつくったフラッシュカードを使って互いに問題を出し合います。	・どちらが先にやるかを決める。	・クラス全員にスキルを身につけるためのアイディアを出してもらい、そのなかからパートナーに選んでもらう。
	・なかなか答えられないときは、有益な励ましを提供する。	・実際に使える言葉をモデルで示す（「試し続けて！　あなたはできます！」）。
・生徒たちは、パートナーと選択した化学変化の実験をします。	・誰が実験のどの部分の責任を担うかを決める。	・二人は、すべての役割とそれぞれがどのくらいの作業量があるかを書き出し、公平に分ける。
	・実験で起こったことについての解釈が異なった場合、どのように共通理解を得るのか。	・クラス全体でブレインストーミングをし、書き出したリストを貼り、必要なときにパートナーが見られるようにしておく。
・生徒たちは、それぞれが書いた作文を見せ合い、改良のためにフィードバックをしあいます。	・具体的かつ肯定的なフィードバックと熟慮した提案の仕方を知っている。	・クラス全体で練習する。教師の作品を紹介し、パートナーで、肯定的なコメントと熟慮した提案をブレインストーミングで出してみる。文章の書き出しで使えるアイディアをクラスで出し合い、教室に貼り出しておく。

(*)　よく目にする単語という意味もありますが、英語を学ぶために不可欠なとても重要な単語のことです。

生徒に練習する時間を与える

教科を学ぶときに使うほかのスキルと同じように、社会的感情的スキルにおいても繰り返し練習することが大切となります。それらを身につけるためには、長い時間と多様な形で提示される指導が必要となります。社会的感情的スキルを身につけるための学習に関する情報については、「www.casel.org」が参考になります。

まとめ

本章では、生徒が安心して、インクルーシブで協働的なコミュニティーを教室でつくる場合に

---

(21)　ライティング・ワークショップについては、一五四ページの**訳者コラム**を参照してください。ライティング・ワークショップやリーディング・ワークショップを通して身につけることができる社会的感情的スキルは、「PLC便り、おまけ」で検索すると見られます。

(22)　もちろん、目と目を合わせて話し合えば、それでOKというわけではありません。『「学びの責任」は誰にあるのか』のなかでは「責任ある話し合い」の仕方（一八ページ）が紹介されていますし、『オープニングマインド』のなかにも、生徒たちが社会的感情的スキルも磨きながら協力して話し合う事例がいくつか紹介されていますので参考にしてください。

役立つと思われる情報を提供しました。これら三つの特徴は、生徒自らが学ぶために最善の選択をする際にも役立ちます。

こうした学習環境があることで選択することがより容易になりますが、これらの環境があることで、いかなる場面においても大きなメリットが生じます。つまり、安心してチャレンジができ、インクルーシブなクラスであればすべての生徒が帰属意識を感じることになり、大事にされていると思えるので、あらゆる学習活動を行う場合にその効果を発揮することになります。

第3章 生徒のオウナーシップを強化する

取り組みに際して生徒たちがオウナーシップをもつ（自分のものと思える）ようになることは、選択肢を提供する授業が成功するために、教師がもっとも育てなければならない大切な要素となります。

学ぶことについて生徒が選択をする場合、自分のニーズとやりたいことに焦点を当てる必要があります。もし、教師を喜ばせることや教師の要求を満たすことに彼らが焦点を当てているのであれば、適切なレベルの難しさや自分にあった学び方や発表の仕方を選ぶことはできないでしょう。さらに言うと、学びに適した環境に自らを置いたときにこそ、初めて適切なチャレンジをすることができます。

適切なチャレンジとは、リスクを冒してでも一生懸命取り組むものであるということを意味し[1]ます。生徒の内発的動機づけが高いとき、つまり取り組んでいる学習にオウナーシップがあるときには大切なものと思えるので、学ぶ過程で難しくなったときでもやり抜くことができるのです。

本章では、選択を通して生徒がより適切なチャレンジができるようになるため、また取り組んでいることにオウナーシップがもてるようになるための具体的な方法を紹介していきます。

教室のデザイン

フォーティアー先生の教室には、壁一面に何種類かの世界地図や古代ギリシャのポスター、そして民主的なプロセスを表した図など、授業で扱っている展示物が貼られています。ポスターの輪郭を見ると、どれだけ長くここに貼ってあるのかが分かります。生徒の机は教室の前にあるインタラクティブ・ホワイトボードのほうを向いているので、このボードが講義と話し合いの焦点になっているのでしょう。

ボードの隣にはフォーティアー先生の机があり、その上や周りには、彼の家族、彼が好きなスポーツチームのペナント、そして彼が旅した場所の思い出と思われる品物などが置かれていたり、貼られていたりします。そういえば、教室に入るドアの上には、「フォーティアー先生の教室」という名札が掲げられていました。

隣にあるフィッツジェラルド先生の教室は、かなり感じが違っています。壁には生徒たちの作品と、最近の授業で書き出された模造紙が貼られています。生徒の座席は自由で、取り組む作業に応じて移動しているようです。

生徒の整理棚と必需品を収納してあるキャディー（小箱）が、どこでも作業ができる環境をつくっています。一斉指導をするスペースはインタラクティブ・ホワイトボード周辺の狭いエリアに限定されており、それに費やされる時間も短いようです。

生徒たちは、教師の講義を聞くよりも「チーム・アドベンチャー」を行うほうにより多くの時間を費やしています。「チーム・アドベンチャー」とは、年度当初に生徒たちによって決められた名前で、そのプレートが教室のドアの上に掲げられています。

両方の教室とも心地よく、温かで、安心できる環境ですが、感じられるオウナーシップのレベルがまったく異なります。前者の生徒は先生の教室にいるのに対して、後者の生徒は自分たちの教室にいます。この違いは、取り組んでいる学習に対して、生徒たちがどのような感情をもつのかに大きく影響してきます。

（1）　翻訳協力者から、「ここでいうオウナーシップこそ、真の意味での『主体性』というべきものです。学びの主権者としての力を生徒につけるためには、選択は非常に有効です」というコメントがありました。

フォーティアー先生の教室のように、教師中心の授業で選択肢が提供されたとき、生徒たちは先生が好むと思うものを選ぶことでしょう。あるいは、オウナーシップが提供されているとは思えないかもしれません。それに対してフィッツジェラルド先生が教える生徒たちは、自分こそが授業の中心だと考えていますので、自らのニーズにあった選択をすることでしょう。

私の同僚が、ドイツで教えている彼の友人について話をしてくれました。ドイツの学校では、一日じゅう生徒たちは同じ教室にいて、教師が順番に訪ねてくるというのです。この事実が、生徒たちに発している（誰がスペースと学習を所有しているのかという）メッセージの強さについて考えてみてください[2]！

これは、アメリカの教師にとってはあまりにも大きな転換なのですぐに実現できるものではありませんが、教室のデザインを通して、生徒のオウナーシップを引き上げていく方法はたくさんあります。

壁や展示スペース

教室を訪れた人が壁に貼られているものが読め、教室でどのような学習が行われていて、誰が行っているのかについて理解できるようにしておくとよいでしょう。名前と写真入りで、生徒の作品を壁に貼り出してください。その際、最終成果物だけでなく、学習の過程でつくりだしたものも大切となります！　また、学年が上の生徒には、展示する前に了解を得るようにしたほうがよいでしょう。

図やポスターなどの展示物は、使われなくなったら取り外してください。教師の手伝いをしてくれるボランティアを生徒から募集して、貼ったり、展示したりしてもらうと、あなたの作業量を減らせるだけでなく、生徒にオウナーシップをもってもらうことにもなります。

教師が教えるスペース

学びの選択を中心にしている教室では、教師の話を聞くことよりも、生徒たちが自分の学習や作業をするためにより多くの時間を費やしています。(3) とはいえ、クラス全員を対象にした指導が

---

(2)　日本の中高もドイツと同じですが、生徒たちはどれほど学ぶことに対してオウナーシップをもてているでしょうか？　ひょっとしたら、教育の「工場モデル」が欧米よりも徹底されてしまった結果、生徒はもちろん、教師もオウナーシップをもてていないということではないでしょうか？

(3)　教師の授業を受けるのではなく、生徒が国語、算数、理科、社会を「する」というアプローチは、日本ではほとんど実践されていないのでイメージがつきにくいかもしれません。このアプローチに興味のある方は、「作家の時間、オススメ図書紹介」を検索して見られるリストのなかから興味のもてるタイトルを読んでみてください。生徒たちが主体的かつ自立的に取り組む読み・書きの授業イメージがつくはずです。いま、これを他教科に応用しはじめていますので、関心のある方は pro.workshop@gmail.com まで連絡をください。

消えてなくなるわけではありません。年少のクラスでは、絨毯が敷かれたところやサークル（輪）になれるエリアでよく行われていますし、年長のクラスでは、机と椅子を動かして馬蹄形にしたり、三〜五人ぐらいで島型になったりすることで対応しています。ちなみに島型は、小グループを対象にした活動や指導に最適と言えます。

教師用の机

教師のなかには、教師用の机を取り払って、生徒と同じ机を使っている人もいます。(4) もし、それができない場合は、生徒が作業に取り組むスペースを広げるために、机のサイズを小さくしたり、教師が使うエリアを狭くしたりすることができます。つまり、机を壁につけたり、教室の後ろのコーナーにつけてしまうのです。

個人的な写真や品物を教室に置くことも考え直してください。それらが少しだけあるのは、生徒が教師との結びつきが感じられ、学校にいるときでもアットホームな気持ちになれるのでいいでしょうが、たくさんありすぎると、「教室は生徒たちのもの」というよりも「教師のものだ」というメッセージを発信していることになります。理想的には、教室にあるものは「みんなのもの」という意識がもてるとよいでしょう。

文化的な配慮

各生徒の背景や家族についても考えてください。教室の中を見渡して、彼らの文化や価値観は反映されていますか？　ポスター、展示、本などは、彼らが誰であるかを反映しているでしょうか？　展示物が、一部の生徒を仲間外れにしていませんか？

たとえば、クリスマスの飾り付けは、キリスト教以外の生徒には疎外感を与えることになるかもしれません。クリスマスツリーの代わりに、雪を象徴したものを使って飾りをつくったほうがよいかもしれません。

私がかつて教えていた学校では、すべての生徒がネイティブアメリカンでした。彼らが学校に受け入れられ、しかも個人的なつながりをもてるように、校内に貼ってあるポスターや展示物、学校行事のテーマ、校舎の外壁や内壁などにおいて使われる色まで、彼らの伝統を反映するものにしていました。

（4）　この文章に対して、翻訳協力者から次のようなコメントがありました。「日本の小学校では、一日教師が教室にいて、ノートチェックなどの作業をするスペースが必要だと思います」この反応には、多くの読者が納得すると思います。しかし、教え方の転換が図られる＝教師中心の一斉授業から脱することができると、ノートチェックは必要なくなる可能性が高いです。ブログ「WW便り」の二〇一八年一二月一四日号を参照ください。

オウナーシップを高めるための言葉遣い

言うまでもなく言葉は、教室の中で誰がオウナーシップをもっているのかという重要なメッセージを発信することになります。何を、どのように言うのかについてよく考えて発言することであなたは、生徒がもつことになるオウナーシップを飛躍的に高めることができます[5]。

生徒に焦点を当てる

教室で行っていることは生徒たちのものである、ということを伝えるために言葉遣いを転換する方法は、一人称ではなく二人称で話すことです。教師が一人称で話すと、自分に焦点を当ててしまうことになります。それを二人称に転換すると、焦点が生徒に変わります。二人称で話すことによって、生徒の視点で行われていることを見るようになりますし、そのなかでの自分の役割を強調することにもなります（**表3-1**を参照）。

もちろん、常に二人称で話すことが適切というわけではありませんが、使う言葉に注目し、「私メッセージ」ではなく「あなたメッセージ」を使って、取り組みにおける生徒のオウナーシップ

表3－1　話し方を転換するための方法

……の代わりに	試してみてください
・「昨日の宿題をまだ提出していない人がいます」	・「昨日の宿題を提出してくださいね」
・「次のプロジェクトに一生懸命に取り組むことを、私は期待しています」	・「次のプロジェクトで努力すると、とてもよい作品になるでしょう」
・「パブロ・ピカソについて学ぶために、三つの選択肢を提供します」	・「あなた方には、パブロ・ピカソを学ぶ際に三つの選択肢があります」
・「テストは、あなた方がこのユニットをどのくらい理解できているかを私に分からせてくれるものです」	・「あなた方は、このテストでこのユニットについてどのくらい理解しているかということが分かります」
・「誰か手を挙げて、ここまでで何が理解できているか私に教えてくれますか？」	・「誰か手を挙げて、何が理解できているか教えてくれませんか？」
・「私は、あなたにとって大切なテーマを見つけてほしいと思っています」	・「あなたにとって大切なテーマを考えてみてください」

がどれだけ高くなったのかについて確認することは、言葉遣いを転換するとてもよい練習となります。

褒めることを再考する

肯定的なフィードバックを生徒に提供することはもちろん大切なのですが、過去二〇～三〇年にわって、多くの研究者が伝統的な褒め方の危険性について明らかにしてきました。その内容を簡単に紹介しておきましょう。

アルフィ・コーン（Alfie

Kohn）は、褒めることは内発的動機づけを弱めると主張しています（参考文献19参照）。キャロル・ドゥエック（Carol Dweck）の研究では、生徒の能力を褒めることで、生徒を停滞マインドセットの状態に置いてしまうことになると強調しています（参考文献10参照）。ポーラ・デントン（Paula Denton）は、褒め言葉を個人的な評価と関連づけてしまうと（たとえば、「あなたが一生懸命取り組んだことが、私はとてもよかったと思います」）、生徒は自分が満足するために取り組むのではなく、教師を喜ばせるために取り組むことになってしまうと反対しています（参考文献９参照）。そして、ハッティとイエツ（Hattie and Yates）は、褒めることに関した研究の詳細な分析のなかで、褒めることは学習に対する肯定的な影響がまったくないことを見いだしました[6]（参考文献15参照）。

もし、私たちが生徒のことを褒めないとしたら、彼らの自立性と内発的動機づけを高めるために（と同時に、彼らが取り組みに対して責任をもっているという意識を強化するために）、どのような肯定的なフィードバックが可能となるでしょうか。鍵となるのは、肯定的なフィードバックの背後にある価値とメッセージについて考えることです。

「あなたの、算数の問題の解き方はよかったと思います」と話すと、あなたがよいと思った方法を伝えることになり、その特定の方法で解くべきだというメッセージを送っていることになります。私であれば、解いた方法の価値を生徒に認識してほしいので、「算数の問題を解くのに、あなたはいくつかの異なる方法を使いました。それは、力のある数学的思考力を示しています」と言うかもしれません。

表３-２で、ほかのいくつかの事例を紹介しましたので参考にしてください。

建設的なフィードバック

生徒たちが取り組んでいる学習の一部を自ら選択して、それに努力を重ねたなら、彼らは建設的なフィードバックを受け入れることでしょう。なんと言っても、学習の質が大切だからです。特定の言葉遣いが生徒の学習に対するオウナーシップと内発的な動機づけに貢献するのと同じように、建設的なフィードバックによって生徒の自発性が強まり、彼らは本心から選択した課題により取り組むようになるでしょう。学習に自発的に取り組んだとき、生徒は建設的なフィード

---

(５)　このテーマに焦点を当てて書かれた本が『言葉を選ぶ、授業が変わる！』と『オープニングマインド』です。これ以降に書かれている部分とあわせて、ぜひ参考にしてください。

(６)　このテーマに関しては、ここで紹介されている四冊よりも、本書や『オープニングマインド』『マインドセット学級経営』『親のためのマインドセット入門（仮題）』のほうが教師（および親）にとってはより具体的な内容が多く紹介されていますので、ぜひ参照してください。

表３－２　肯定的なフィードバックの方法

促進すべき価値	……の代わりに	試してみてください
・教師を喜ばせるよりも、内発的な動機づけのほうがより重要	・「なんと、それは素晴らしい詩です！私はあなたを自慢に思います」	・「なんと、それは素晴らしい詩です！あなたは自信がもてたでしょう」
・生まれつきの能力よりも、一生懸命努力することが成功の鍵	・「あなたは、その難しい算数の問題を解いたのですね。とても頭がいいです」	・「あなたは一つの算数の問題に長いこと取り組んでいましたが、ついに解けたのですね」
・自分で振り返ることと自己評価が大切	・「あなたが行ったことについて、私がどのように思ったかを話しましょう」	・「あなたの取り組みで、もっとも自慢できるところは何ですか？」
・グループにとってよいことは、よいチームワークにつながる	・「あなた方がチームとして取り組んでいることが、とても気に入っています」	・「あなた方はチームとしてよく協力していました。それによって、とてもよい作業ができましたね」
・生徒は互いによく聴き合うべきである	・教師の質問に対する生徒の反応として：「私はリンカーンが最高の大統領だと思います」 教師：「そう、リンカーンです！」	・教師の質問に対する生徒の反応として：「私はリンカーンが最高の大統領だと思います」 教師：（認めながらうなずく）
・従順さではなく、質の高い取り組みこそが努力の推進役であるべき	・「これらの問題で満点を得たいなら、あなたがしたことを見せなければなりません」	・「それぞれの問題をどのように考えたのか説明してください」

バックを受け入れるだけでなく、それをとても欲しがるのです。

建設的なフィードバックとひと言で言っても、その提供の仕方が重要となります。具体的で、実行可能な提案であることが大切です。つまり、さらに努力する意味を生徒が感じられるような、後押しとなるようなものが必要となります。

また、フィードバックの内容は、具体的で明快なだけではなく、その提供の仕方がサポーティブで思いやりのある口調で行わなければなりません。無理に提案する形を取る必要はありませんが、厳しすぎてもいけません。

生徒は、直接的で思いやりのあるフィードバックを受け取ると自らの価値を実感しますが、必要以上に批判的だったり、不親切なフィードバックだったりした場合は、引き下がって黙り込んでしまい、適切な学習課題を選ぶのに必要とされるチャレンジをしなくなってしまうでしょう。

いくつかの事例を**表3－3**に紹介しました。

褒美について考え直す

学校でも職場でも、褒美が機能していないことを指摘する研究が数十年分も積み上がっている

表3－3　建設的なフィードバックの方法

状況	……の代わりに	試してみてください
・大きな試合の準備をしているスポーツチームに対して（批判を励ましと交換する）	・「あれはひどかった！　あんなふうにプレイしていたら、決勝トーナメントに進むことはできない！」	・「あのプレイは、まだ改善する必要があります。さらに時間を費やして修正することで、決勝トーナメントの準備ができるでしょう」
・書かれた作品についてのカンファランスで（非難を提案と交換する）	・「なぜ、この作品にもっと具体的なことを含めなかったのですか？　私たちは、今週たくさんの時間を具体的なことをつけ足すことに割いてきたのに、まだできないのですか？」	・「具体的なことを追加するのにどうしたらいいかについて、今週、扱ったことを思い出してください。作品を見直してみて、具体的な助けになるのはどこだと思いますか？」
・課題にもがいているグループに対して（否定的な前提を肯定的なものと交換する）	・「あなたたちは遊んでいるだけで、時間を無駄にしています。やめなさい」	・「あなた方のグループは困っているようですね。元に戻るために、私が手伝えることはありますか？」
・課題のできが悪くて動揺している生徒に対して（罪悪感を共感と交換する）	・「あなたにはガッカリです。もっと上手にできたはずです」	・「あなたがガッカリしていることは分かります。それを改善するために、できることを一緒に考えましょう」

のに（参考文献19・23参照）、依然として褒美が学校で広く使われています。生徒は、よい結果や態度に対して、いまだにシールや飴、そして賞をもらっています。学校はといえば、廊下に「最優秀賞」や「努力賞」の下に生徒の名前や写真を貼っています。そして、年度末に行われる授賞式では、必ず数人の成果を強調しています。

　これらのすべての例においてコントロールしているのは大人であり、褒美は生徒がしていないことをやらせるために使われています。よかれと思って行われているのでしょうが、これらすべては生徒のやる気を失わせ、生徒同士および教師と生徒との関係を悪化させ、恨みと嫉妬を生み出すことになります。生徒同士が相互に尊重しあい、協働するクラスの環境づくりをする方法の一つが褒美を排除することです。

　心理学者のエドワード・デシ（Edward Deci）は、彼の重要な業績である『人を伸ばす力――内発と自律のすすめ』（参考文献7参照）のなかで、外発的な褒美は内発的な動機づけを削ぎ、パフォーマンスのレベルを低下させると、説得力のある結論を述べています。

　挑戦しがいがあり、興味深く、面白い課題であれば、生徒はそれを達成するために内発的な動機づけが得られたかもしれません。一方、褒美を提供することによって外発的な動機づけが与えられてしまうと、生徒の内発的な意欲は奪われてしまうのです。それを達成することから得られる満足感ではなく、褒美という魅力に焦点を当ててしまうからです。

いったん、何かを達成するためにピザ・パーティーや褒美が提供されてしまうと、次のときに褒美が提供されないとやる気を失ってしまうことにもなります。することは、もはや目標ではなく褒美を得ることにすり替わってしまいますので、やるべきことのオウナーシップを著しく弱めてしまうことになります(7)。

このような仕組みが、選択した課題に取り組もうとする生徒にとって、どれだけ混乱させることになるかについて考えてみてください。

「自分に適切なチャレンジレベルの問題を選ぶのはあなたです。そして、あなたが一〇問正解したら、ご褒美の袋から賞品を引き当てることができます」

もし、あなたが生徒で、このメッセージを聞いたなら、どのような問題を選びますか？　適切なチャレンジレベルの問題ですか、それとも素早く正解が得られる問題でしょうか？

褒美の代わりに祝う

褒美をなくすということは、素晴らしい結果や一生懸命頑張ったことなどを認めないということではありません！　実際のところ、素晴らしい結果や一生懸命に取り組んだことを祝うことで、クラスの雰囲気と文化によい影響をもたらします。生徒たちに、より肯定的な学習と取り組みに

表3－4　褒美と祝うこと

……の代わりに	試してみてください
・（月曜日に）クラスの作家たちの文集（掲載するおとぎ話を含めて）を出版する準備をするために、まだやることがたくさん残っています。あなたたちが、一生懸命頑張ってたくさんやり遂げたら、ご褒美として面白いおとぎ話の映画『プリンセス・ブライド・ストーリー』を観せてあげます。	・（金曜日に）ふう！（ため息）今週はみんなが頑張って、たくさんのことを成し遂げることができました。おかげで、クラスの作家たちの文集を出版する準備ができました。みんなでお祝いをしましょう！もっとも面白いおとぎ話のひとつである『プリンセス・ブライド・ストーリー』をみんなで観ましょう！

対する感情を築きつつ、集団として成功に浸ることを可能にします。

鍵となるのは、褒美なしで祝うということです。**表3－4**に記した二つの場面が発信している異なるメッセージについて考えてみてください。

---

(7)「この背景にあるものは、学習そのものに対する誤解であるように思います。学ぶこと自体が魅力的な活動であるということが分かれば、褒美は不必要なものであることが見えてくるでしょう。学習をダンスにたとえるなら、踊ること自体が目的であり、楽しいものです。必要なのは、むしろその教科のもつ本質的な楽しさを共有することではないでしょうか」というコメントが翻訳協力者からありました。まったく、そのとおりです。そのためには、まずは学ぶことを苦役だと思い込んでいる先生たちに、楽しく学ぶ体験をしてもらうことが不可欠となります。センター研修や校内研修がありがたくないものの筆頭であり続けるかぎりは、それを受けている先生たちが授業で生徒たちを相手に同じことをしてしまいますから。

左側の場面では、生徒たちは映画を観たがるでしょうが、発信されているメッセージは、彼らが熱心に取り組みたいとは思っておらず、しっかりと取り組ませるために、言うことを聞かせる必要があると教師は考えているようです。このようなメッセージだと、書くことはやらなければならない作業であり、文集に収めるためによい作品を書くという内発的な動機づけが下がり、週の最後に観られる映画のためだけに頑張るということになります。

言うまでもなく、生徒たちは操られているように感じるでしょう。あまり熱心に取り組まない生徒は、ほかの生徒から圧力を受け、クラスのコミュニティーとしての意識も減少してしまうことになります。

それに対して右側の場面では、お祝いの雰囲気がよく表されています。生徒たちは達成したことにとても満足しており、面白い映画を一緒に観られることで興奮しているかのようです。このように、祝うことが内発的な動機づけを高めるのです。

次に紹介するのは、生徒の学習に対するオウナーシップを強化し、肯定的なコミュニティー意識をつくりだすためのいくつかの方法です。

集団で祝う

単純な肯定的なフィードバックであろうと（「おめでとう、みなさん！　あの理科の実験はとても難しいのに、クラス全員がやり通し、とても面白いデータが収集できました」)、公式の意味合いが強い行事（単元終了時の行事）であっても、決して個人の成功ではなく、集団が達成したことに焦点を当ててください。それによって、全員の一体感と学業面での成功を高めることが可能となります。

「もし、～だったら」という条件文は避ける

「もし、三〇分間一生懸命頑張ったら、授業の最後に自由な時間をもたせてあげます」という言葉がけは、動機を与えるものであるため人を操ることになり、内発的な動機づけとオウナーシップを低下させることになります。そうではなく、祝うことは自然発生的に起こるというのがよいでしょう。

すべての学び手を認める

廊下に展示する生徒たちが書いた詩は、できのよいものだけでなく、クラス全員の作品を貼り出すようにします。

目的のある学習

「エンダーソン先生、なぜ、これをしなければならないのですか？」は、生徒からよく受ける質問の一つと言えます。このような質問は、自分がすることに目的を見いだしたいという生徒のニーズを表しています。

　学習を自分のものと真に思えるようになるためには、なぜそれをするのか、あるいはなぜそれが大切なのかを知る必要があります。生徒たちが行うべきことの説明に追い立てられ、生徒たちがなぜそれを行う必要があるのかについての説明を教師は忘れがちとなっています。

　重要なことは、教師が行う説明が生徒たちの共感を得るものでなければならないということです。[8] したがって、生徒たちが意味を感じることのできる形で説明を提供するようにしてください（**表３－５**を参照）。

「これはカリキュラムの一部です」や「これは次のテスト範囲に含まれています」といった説明では、生徒のやる気を引き出すことはできません。その代わりに、生徒が目標としていることにつなげたり、彼らの興味関心、考え、好奇心を活用したりして、取り組んでいることが重要だということを示してあげてください。

表３－５　目的のある学習の例

１年生の理科：波、光、音 異なる物質によってできたものに光線を当てることで得られる影響を明らかにする調査を計画し、実施する。	**好奇心を活用する** 「あなたたちはこれまで、異なる物質は光線に異なる影響を及ぼしていることに気づいたことがありますか？　物質によって、すべての光を通すもの、少しの光を通すもの、光を遮断するもの、光を反射するものがあります。今日は、さまざまな物質を選んで、それを自分たちで確かめましょう」
５年生の読むこと：小説をクリティカル(9)に分析する ファンタジーとサイエンス・フィクションのジャンル学習(10)の間に生徒は本を選び、探究したうえでクリティカルに分析する。	**得る効果を強調する** 「本をクリティカルに読めば、よりたくさんのものが得られます。次のジャンル学習で、あなたたちはファンタジーかサイエンス・フィクションのなかから１冊の本を選び、それを精読し、登場人物を分析し、扱われているテーマを探究し、作家は何に刺激を受けているのかを考えます」
８年生の書くこと：研究の引用 「盗用を避けながら、引用の標準形式に従いつつ、他者が書いたデータや結論を引用したり、言い換えたりする」(各州共通基礎スタンダードより)	**より目的が明確な状況に置く** 「引用の原典をしっかり書き出すことはつまらない作業のように思うでしょうが、それはあなた方の研究プロジェクトにとって大切な部分を占めています。必要なところにしっかりとクレジットを入れることで、あなたの研究がより正当化され、合法的なものになります」
11年生：幾何 サインとコサインの関数を日常の問題に応用する。	**日常にある問題と関連づける** 「多くの分野の専門家たちは、問題解決をする際にサインとコサイン関数を使います。今日、あなた方は自分の関心のもてる問題を一つ選びます。潮の流れ、観覧車、測量のなかから選んでください」

「私たちは、なぜ、これを学ぶ必要があるのですか？」という質問を予想して、事前に考えておくことが重要です。時に私たちは、強制されているから、あるいは単にカリキュラムの一部だから（教科書に書いてあるから）という理由だけで何かを教えていることがあります。そのような状態において生徒がこのような質問をしたら、その瞬間に彼らが納得するだけの説明を考え出さなければならないので、「時すでに遅し」となります。

取り組んでいることに対して生徒のオウナーシップを高める（と同時に、選択と直接的な関連のある重要な）もう一つの方法は、意味のある目標が設定できるようにすることです。年度当初ないし学期の初めに、生徒自身に学業面での目標を書いてもらうのです。これは、新しい単元を学習するときにも使えます。

「何を学びたいですか？」とか「どんなスキルを向上したいですか？」など、これから取り組む内容と関連がある目標を共有しあえるようにします。これをすることで、学習に対する個人的な意味をつくりだせるだけでなく、教師であるあなたにとっては、意味のある（生徒の目標と直接的に関係する）選択肢を考えるための材料が収集できることになります。

評価と成績

とても興味深い研究があります。エドワード・デシ（一〇三ページ参照）とある大学院生が、学部生を対象にした実験を試みました。半分の学生には、複雑な神経生理学の内容を学んだあとにテストを行い、成績がつけられると告げられました。残り半分の学生には、同じ内容をほかの人たちに教えるために学ぶと告げられました。

---

(8)　単に、指導書に書いてある学習目標や評価規準を示せばいいということではありません。それらが生徒に理解できるだけでなく、彼らに受け入れられる形で伝わらないと共感を得たことにはなりません。その意味で、教育は教師と生徒と学習内容という三者の共同作品と言えます。『ようこそ、一人ひとりをいかす教室へ』（とくに六〇ページ）を参照ください。

(9)　三七ページの**訳者コラム**を参照してください。また、ブログ「WW便り」の二〇一九年一月四日の記事も参考になります。

(10)　アメリカでは、読む文章を対象に応じてかなり細かく分けています。小説（フィクション）のなかにも、ここで紹介されているようにファンタジー、SF、歴史ものなど数えきれないぐらいあります。自分が好きなものを見いだし、生涯を通じて読み手になるためには不可欠だからです。逆に日本の国語教育では、そういうことは一切考慮せずに教えています。何のために国語を教えていると思いますか？　ジャンルについて詳しくは、『理解するってどういうこと？』（とくに二〇九～二一九ページ）を参照ください。

その結果はというと、テストをして成績がつけられると告げられた学生は、やる気がなかっただけでなく、教えるために学んだグループよりも学べた量が少なかったのです（アンケート調査で明らかにされています）。また、二番目のグループにはテストをすることが一切告げられてなかったということが理由で、興味深い結果が出ました（参考文献7参照）。

この事実は、学ぶ際に選択肢を提供している授業の場合には重大な影響を与えます。テストや成績で生徒たちを動機づけようと計画されたときは、何をすればよい成績が得られるのかということに彼らの注目が行ってしまい、学ぶ必要があるのは何かという意識が薄れてしまうのです。つまり、彼らが選択を行う場合には、意思決定のプロセスにおいて成績が大きなウェートを占めているということです。

「自分は簡単なものを選ぶべきか？　それは、より多くの正解とよりよい成績を意味するのだろうか？　いや、自分は難しい課題を選ぶべきかもしれない。そうすることで教師によい印象を与えることができ、結果的によい成績を得ることができるかもしれない」

このような思考は、発達の最近節領域（ＺＰＤ）外の課題を生徒に選ばせることになり、取り組みのレベルも学びのレベルも低下することが約束されています。

成績をつけるのは最低限にする

成績を学習の動機づけとしていない教師は、「成績をつけないかぎり生徒は勉強をしない」という考えをもっていません。生徒たちは成績なしでも一生懸命に努力をし、とてもよい取り組みをしていることを日々見ているからです。一方、成績を動機づけとして使っている教師にとっては、もし成績をつけなければ生徒たちは学ばなくなってしまうのではないかという危惧があることでしょう。これには、それなりの根拠があります。

成績こそが勉強する理由であると思い込まされている生徒は、その悪循環から抜け出すことが容易ではありません。(11) 彼らの内発的な動機づけは、外発的な動機づけによって差し替えられてしまっているのです。このダメージを修復するには、かなりの手間がかかることでしょう。(12)

加えて、「単に成績をつけることをやめなさい」と教師に促すだけでは認識が甘いですし、ほとんどの状況では受け入れがたいことでしょう。学校のなかには、伝統的な成績をつけることか

---

(11)　同じことは、それをやらせている教師にも言えます。日本の中学や高校で、中間試験、期末試験、入試なしでも生徒たちが勉強をすると思っている教師はどれほどいるでしょうか?

(12)　教師の教え方と評価の仕方が変わらないかぎり、生徒たちだけではどうしようもありません。ぜひ、『成績をハックする』や『一人ひとりをいかす評価』を参考にしてください。

らスタンダードやコンピテンシー（目標に準拠した評価や成績）に移行しているところもありますが、多くの学校では、教師が成績をつけることを義務づけています[13]。

したがって、このような状況のなかでは、成績に重きを置くのをやめ、成績をつける機会を少なくすることをおすすめします。とくに、生徒が新しい学習内容やスキルを身につけようと取り組んでいるとき、つまり生徒に学びのオウナーシップをとってほしいときには成績のことを意識させないでください。また、日々の授業、宿題、そして、これまでに身につけたことや、まだ学習する必要があることは何かを明らかにするための小テストなどには成績をつけないでください。成績の代わりに、優しい言葉でのフィードバック、素早いメモ、あるいはほかの適切なフィードバックを提供するのです[14]。

成績を個別化する

選択を採用している授業において成績が及ぼすマイナス影響を減らすもう一つの方法は、それぞれの生徒のために成績を個別化することです。この方法は、とくに複雑な作業を評価する場合に使えます。そうすれば、すべての生徒が同じ基準で評価されることがなくなりますし、それぞれの生徒の具体的な取り組みに対して成績をつけることが可能になります。また、取り組んでいることに関する生徒のオウナーシップを高めるために、生徒自身に評価のプロセスに参加してもらうことも大切です。

たとえば、あるクラスが世界の宗教について学習しているとします。すべての生徒が研究するために自分が興味のもてる宗教を選び、研究プロジェクトを考え出しました。つまり、（カリキュラムが求めているテーマのなかで）自分が見いだしたい答えを得るための研究課題を選び、クラスメイトと共有するだけの価値があるプロジェクトを考えたわけです。

生徒には、自らの目標だけでなく、必要な内容を押さえるためのチェックリストが提供されていました。彼らは自分のプロジェクトの詳細を書き出すことで、教師が成績をつけるときにはすでに個別化されていることになります（**表3－6**を参照）。

もし、成績をつける必要がなければ、このチェックリストは点数をつけることなく、そのまま

---

(13)　伝統的な成績が相対評価で、後者が絶対評価です。日本の場合は、教師に成績をつけることを義務づけているというよりも、単に習慣化しているだけだと思います。校長裁量で成績は廃止できるからです。とはいえ、指導要録には（成績らしきものを）書き込まないといけないという制度になっています。

(14)　つまり、成績ではなく、評価と指導を一体化させるということです。それも総括的評価ではなく、形成的評価のほうです。この点についても、先に挙げた『成績をハックする』と『一人ひとりをいかす評価』が参考になります。

表３－６　世界宗教の研究プロジェクトのためのチェックリスト

名前：　ナンシー　　　　宗教：　道教	
歴史についての質問（10点）	
・道教がはじまったのはいつか？ ・誰がはじめたのか？ ・どこで最初にはじまったのか？	＿＿＿＿点
考え方についての質問（10点）	
・道教のもっとも重要な考え方は何か？ ・それらの考え方はどのようにはじまったのか？ ・それらについて説明している本（バイブルのようなもの）はあるか？	＿＿＿＿点
実践についての質問（10点）	
・道教を信じる人がしていることは何か？ ・道教を信じる子どもはどんな子どもか？ ・休日はあるか？　それはどんな休日か？	＿＿＿＿点
共有するためのプロジェクト（20点）	
・年表（歴史） ・プレジ(＊)(考え方と実践) ・絵本（考え方と実践）	＿＿＿＿点
コメント	

（＊）パワーポイントを超える次世代プレゼンソフトのことです。

使えるわけです。言うまでもなく教師は、これを使って生徒が学習目標を達成しているかどうかについて確認することができます。

生徒に責任をもたせる成績のつけ方をする

どうしても成績をつけなければならないときは、生徒自身が学びにより多くの責任をもてるような実践を考えるとよいでしょう。

たとえば、生徒にテストを再度受け直させたり、小論文を書き直させたり、プロジェクトのプレゼンテーションをもう一度行ってもらうのです。こうすれば、「成績は学びを反映するものですから、もしあなたがよりよい成績を望むのであれば、より多くの努力を注ぎ、より多くを学んでください」というメッセージを発信することになります。

このことは、生徒が学びをどのように捉えるのかということに大きな影響を及ぼします。成績を、（能力を反映したものと思われている）固定化された数字や文字ではなくて、現在進行形で変わり続けるものとして捉えるようになります。継続的に取り組んだり、学んだりすることができると分かると、気兼ねすることなく自分にあったレベルのチャレンジを選ぶようになります。(15)

表３－７　世界宗教の研究プロジェクトのための採点表

名前：　ナンシー　　　宗教：　道教		
歴史についての質問（10点）	生徒の評価	教師の評価
・道教がはじまったのはいつか？ ・誰がはじめたのか？ ・どこで最初にはじまったのか？	＿＿＿＿点	＿＿＿＿点
考え方についての質問（10点）		
・道教のもっとも重要な考え方は何か？ ・それらの考え方はどのようにしてはじまったのか？ ・それらについて説明している本（バイブルのようなもの）はあるか？	＿＿＿＿点	＿＿＿＿点
実践についての質問（10点）		
・道教を信じる人がしていることは何か？ ・道教を信じる子どもはどんな子どもか？ ・休日はあるか？　それはどんな休日か？	＿＿＿＿点	＿＿＿＿点
共有するためのプロジェクト（20点）		
・年表（歴史） ・プレジ（考え方と実践） ・絵本（考え方と実践）	＿＿＿＿点	＿＿＿＿点
コメント		

自己評価ができるようにする

学びのオウナーシップを教師から生徒に移行する大切な要素として、生徒に自己評価のスキルを身につけてもらうということがあります。とくに、教師に評価を委ねる制度[16]のなかで育った生徒の場合は容易ではないでしょう。生徒に、グーからパーまでの六段階で評価をさせたり、親指を上げたり、下げたり、床に平行に向けさせる（三段階）といった練習をすることは、よいとっかかりになるはずです。

また、生徒が考え出すルーブリックや採点表といったより複雑な方法は、さらに生徒の自己評価能力を高めることになります。**表3－6**で紹介したチェックリストを微調整して、生徒の自己評価と教師による評価が書き込める採点表を**表3－7**として示しました。

生徒が自己評価した点数をきっかけにして、生徒が行ったことについて話し合うというのはとても効果的です。また、生徒がなぜそのような評価をしているのかについて教師が尋ねることは、振り返りに関して言えば教師側にも大きな学びとなります。それを踏まえて、生徒がさらに成長できるように指導やコーチをすればよいのです。

---

(15) ここの記述は、成長マインドセットないしダイナミック・マインドセットをもつことと深く関係します。

まとめ

オウナーシップが転換したことにより、仕事に対するエネルギーが大きく損なわれた職場のことを私はよく覚えています。

その職場に最初に加わったとき、そこには共有されたオウナーシップと自立性がありました。自分がしていた仕事と、その仕事において達成したいことが何なのかという点について、真のパワーとコントロール能力をもっていました。そのため、仕事に対して多くの職員がごく自然に情熱を傾けていました。

しかし、それが徐々に転換していきました。自立性が弱まり、より頻繁に、何をすればいいのかについて指示をされるようになりました。当然、仕事をしていても、私は自分で判断する権限が与えられていないと感じるようになりました。常に誰かがやって来て、私がしたことを修正するか、仕事の目標が変わって、すでにやり遂げていることをやり直すという場面が多くなったからです。

このような状況が続き、自分自身を働きバチのように感じはじめました。常に忙しいのですが、それは誰かが設定した目標のためでしかありません。仕事のためにやる気を奮い立たせることがますます難しくなり、最終的には、先に進むときが来た、と判断したわけです。

同じように、生徒も選択した課題を成功裏に収めるために、学びのオウナーシップをもつ必要があります。そのトーン（傾向ないし仕組み）は教師であるあなたによって設定され、しかも思慮深く、かつ意図的に行われるべきです。それが、選択肢を提供したという効果を引き上げるために、あなたができる大切なこととなります。そうすることで、生徒は取り組んでいることに対して、真にチャレンジができるようになるのです。[17]

---

(16) 生徒自身が評価に一切かかわることなく、教師の評価を一方的に受けるシステムのことを指しています。

(17) 教師を辞職して、次のキャリアに移行するという意味です。教師にかぎりませんが、欧米人のキャリア／仕事観は「自己実現」のための手段として位置づけているウエートが日本人よりははるかに大きいので、転職をマイナスと捉える風潮はほとんどありません。

第4章 生徒に学び方を教える

生徒に選択を委ねるというアプローチの背景にあるもっとも基本的な考え方の一つは、「生徒自身に学びの意思決定をしてもらう形で、私たちはエンパワーする」[1]というものです。もし、生徒たちがこの方法を知らないとしたら、どうしたらよいのでしょうか？

子どものとき、私は学びがどのように起こるのかということについてまったく知りませんでした。小学校では、教師に言われることをやり、ともかく学ぶべきことを学びました。簡単だったので、私は学校が好きでした。学年が上がるに従ってその気持ちが変わりだしたこともありましたが、全体的には変わらなかったように記憶しています。

そして中学校では、勉強の面白さが極端に減りました。学ぶ量が増えたこともあって、嫌いになりはじめたのです。最低限のことしか勉強しませんでしたが、それでも成績はまあまあのレベルが続きました。要するに、最小限の努力でそれなりの成績を得ていたということです。それゆえ、「自分は利口なんだ」と思っていました。そして高校では、なんとか卒業しようと授業を受け、

学習活動に取り組み、課題を完成していました。(2)

しかし、学習内容がかなり難しくなり、それについていけるだけの多様なスキルを私はもっていませんでした。先にも紹介しましたが（九八ページ）、キャロル・ドゥエックがのちに「停滞マインドセット」（本章の後半で検討します）と名づけた状態にはまり込んでしまったのです。私は利口なのだから、知るべきことはすぐに知ることができると考えていたのです。言葉を換えれば、何かを読んだり、教師が言ったりしたことを聞いたり、何かをしようとしたりしたら、すぐに「できる」ということです。

しかし、よい成績は、すでに簡単に得ることはできませんでしたし、私自身、ほんの少ししか学ぶことができなくなりました。その結果、自分の能力に対して疑問をもちはじめたのです。学校はもはや簡単なところではなくなっていましたので、以前に考えていたほど自分は利口ではな

（1）エンパワーやエンパワーメントという言葉が日本でも聞かれるようになって、少なくとも三〇〜四〇年ほど経っています。訳者自身、二〇年前に『エンパワーメントの鍵』という本を訳していますが、いまだにその意味は明確になっていないように思います。ひと言で言えば「力をつける」ということになり、少し長めに言えば「各人がもつ可能性を最大限に引き出す」となります。

（2）これらを総じて「学校をする」ないし「学校ごっこをする」と言えると思います。何のオウナーシップもなく、ひたすら流れに任せて過ごす（やり過ごす！）という学び方です。それなりのことは学べますが、残るものはほとんどありません。訳者にとっては、なんと、それが大学院卒業まで続きました！

いと、ひそかに自らの能力を疑いはじめました。ほかの子どもたちが追いつくのではないかと心配して、もがいていることをひたすら隠し、助けを求めることもなく私は生き延びることにしたのです。

学び方について考え出したのは大学に入ってからのことです。テストでよい成績を得るためには、単にノートを見直すだけでは足りないことに気づきました。それらを覚えるために、さまざまな形で繰り返し書く必要があったのです。よいレポートを書くためには、最初はくだらない下書きからはじめて、それから不足分を埋め合わせ、繰り返し修正を行うほか、有意義なフィードバックを教授や友人から得て、また修正を何度か行うという作業が必要なのです。

周りに、一生懸命努力し、一緒に勉強し、学ぶことに心から興味をもっていた人たちがいたことも助けになりました（このような人たちがいるという発見は、私にとっては驚くべきことでした！）。学び方を知らずに私は大学まで来てしまいましたが、そこで苦しみながらもようやく知ることができたのです。もし、二〇歳になる前にそのことを知っていたら、私の学びはどんなふうになっていたのだろうかと思います。

本章では、「学び」について生徒に教えられるいくつかの方法を紹介します。それらを踏まえれば、生徒は自分の学びに対して思慮深く、意図的で、常に振り返ることができ、その結果、よい選択もできるようにエンパワーできます。運動選手が自分の身体の機能について理解しているように（筋肉がどのようにできていて、ケガをしないようにストレッチをすることの必要性、十分な休養、食事、そして水分補給の必要性など）、学習者は効果的な学びをするために、自らの頭脳がどのように機能しているのかについて理解していなければなりません。

メタ認知のスキルを身につける

「魚を与えれば一日生かすことができるが、魚の捕り方を教えれば一生生きることができる」という諺を聞いたことがあると思います。メタ認知スキルを教えるということは、魚の捕り方を教えることの教育版と言えます。それには、生涯を通じた学習者になるために必要となる、自己認識、振り返り、正直な自己評価のスキルを身につけることが含まれています(3)。

今日の学校では、慌ただしいペースで次から次へと活動が移り、自らの学びを振り返ることも

---

(3)　この三つをテーマにしているよい本があります。『増補版「考える力」はこうしてつける』です。多様な方法が紹介されていますので、ぜひ参考にしてください。また、ブログ「PLC便り」の二〇一八年一二月二三日号でも「メタ認知」を特集していますし、左上の検索欄に「メタ認知」を書き込むことでほかのたくさんの記事も読めます。

なく、いま行っていることだけに注意を向けさせて、生徒をこのうえなく忙しくさせています。しかし、教師が選択肢を提供さえすれば、学びのパワーとコントロール（学びの責任）が生徒と共有されることになりますので、生徒のメタ認知スキルはいっそう重要性を増します。

逆に言えば、生徒はメタ認知のスキルを身につける機会を必要としているということです。あるいは、前出（二三および三二ページ）のジュディー・ウィリスが言うように、「（まだ）自覚していないものを自覚する」ことが求められているのです（参考文献26参照）。

ほかのすべてのスキルと同じように、メタ認知も教えられ、練習でき、そして身につけられるのです。あなたは、生徒たちが学習者としての自分を知り、役立つ学習方法を把握し、そして自らの学習を改善するために、自己認識を活用することによって行動ができるように助けることができます。

もちろん、選択肢を提供することは、メタ認知のスキルを高めるためのよい手段になります（とくに、第6～8章で紹介している「選ぶ－やってみる－振り返る」という枠組みを使った場合）。なぜなら、「選ぶ」と「振り返る」の二つの段階が、生徒たちにとってはメタ認知を練習するために最適なものだからです。じつは、これらの段階から最大限の効果を得るために、あなたが生徒たちにメタ認知スキルを教えて、サポートする方法がほかにもあります。

メタ認知を実演する

生徒たちがメタ認知スキルを学ぶのを助ける際の一つの方法は、あなた自身の思考を実演してみせることです。あなたが学びを促進するためにメタ認知をどのように使っているのか、個人的な例を紹介するのです。たとえば、テストの準備のために生徒をサポートしている高校教師は、次のように自分の振り返りを紹介しました。

「みなさんのなかに、グループで勉強することがもっとも効果的だと思っている人がいることを私は知っています。私も、友だちと一緒にいるのが好きですが、勉強するときにベストな方法はやはり一人ですることです。誰かと一緒にいると、脱線してしまうことが多いのです。一人だと、ノートを振り返ったり、いくつかの方法で情報を書き出したり、問題を自分に出すこともできます。これらをすることで、鍵となる概念が覚えやすくなるのです」

このほか、何かについて考えることが、どのように見えたり、聞こえたりするのかについてモデルで示すこともできます。この方法は、実際にどうなっているのかについて事前に知る必要がある生徒を助ける際に役立ちます。たとえば、新しい本を選ぶときに次のように言います。

「私はファンタジーを読むのがとても好きです。だから、『エラゴン――遺志を継ぐ者』[4]を読もうとするかもしれません。でも、長すぎる本だと途中で興味を失ってしまうことがあるので、それがよい選択かどうかは分かりません。最初のいくつかの章を読んでみて、どうするかを決めたいと思います」

このような「考え聞かせ[5]」の方法を、難しい算数（数学）の問題を解く場合にも使うことができます。

「アーッ！（苦痛の響き）長い文章問題にはイライラしてしまいます。鍵となる言葉に印をつけるのに蛍光ペンを使うことにします。そうすることで、何に注目したらいいのかが分かるようになるかもしれないからです」

振り返りをするためにオープンエンドの質問を使う

ポーラ・デントン（九八ページ参照）が『私たちが使う言葉（The Power of Our Words）』（未邦訳）で書いているように、「オープンエンドの質問は、一つの正解があったり、間違いがあったりするような質問ではありません」（参考文献9参照）。

オープンエンドの質問は、「生徒自身の考え、知識、スキル、経験、そして感情などを引き出すので」（参考文献9参照）、振り返りの力を生徒につける場合にはとても効果的です。学習の過程を通じてオープンエンドの質問を使い、生徒のメタ認知スキルを養い、練習することをサポートしてください。

選ぶとき

「よい本を探すときに、あなたはどのようなことに気をつけていますか？」

「自分が生徒だとしたら、今日の研修で紹介されたもののなかで実際にやってみたいと思ったものはどれですか？」

「もし、自分にぴったりのレベルの問題をつくれたとしたら、それはどのような形のもので、どのように感じられますか？」

学んでいるとき

「あなたにとって、学びに役立っていることは何ですか？」

「いまのままやり続けるのは、何がいいからですか？　また、何を修正しますか？」

「あなたは、次に何をしますか？」

（4）　クリストファー・パオリーニ／大嶌双恵訳、静山社、二〇一一年。
（5）　自分の頭の中で考えていることを口に出して話す方法のことです。興味をもたれた方は、『読み聞かせは魔法！』の第3章と『「学びの責任」は誰にあるのか』の第2章を参照してください。

振り返っているとき

「ひたすら取り組んでいたときのことを振り返って、どのような学習方法があなたにあっていましたか？　また、次に使おうと思ったものは何ですか？」
「もし、明日もこれらの選択肢があったとしたら、あなたは今日と同じものを選びますか？　その理由は何ですか？」

おすすめのアイディア――振り返りジャーナル

生徒たちは、ジャーナルを書くことで自らの学びを振り返ることができます。ジャーナルの主部には、自分の学びについて毎日書きます。教師から提供されたオープンエンドの質問に答える形でもいいですし、自分で振り返る形で書いてもいいでしょう。そして、ジャーナルの最後の数ページには、自分にとって効果的な方法を記入します（**表４－１**を参照）。

生徒たちの振り返りのスキルを強化し、深めるのを助けるために、定期的に何を記録したのかジャーナルを見直して、振り返ると効果的になります。

表４－１　振り返りジャーナルの例

振り返り	自分の学びの助けになった方法
・(2015年２月12日) 今日の理科の実験で、私は一人で取り組むことを選択した。 そのよかった点は、時間内にたくさんのことができ、とても効率的だったことだ。 悪かった点は、分からなかったときにほかの人たちの邪魔をしてしまったことだ。実験のパートナーがいたらよかったと思う。 ・(2015年２月17日) テストが近づいている。リサとシャーメインを学習グループに誘おうと思っている。考えを伝える相手がいることで、自分の理解が高まるからだ。	・読み直したこと――最初は目を通すだけで、そのあとに深く読むことで理解する助けになった。 ・絵を描くこと――科学のプロセスをスケッチしたことで視覚的に考えられ、そのあと言葉にする助けとなった。 ・ハイライトに印をつける――テキストにある鍵となるアイディアに印をつけたらよく覚えられた。また、どんな質問をしたらいいのかも分かった。 ・記憶術――自分で頭字語(＊)を考え出すと、よく覚えられる。

(＊)　頭字語とは、アルファベットにおける略語で、複数の単語から構成された合成語の頭文字をつなげてつくられた単語のことです。具体例を見たい方は、『宿題をハックする』の64～66ページを参照してください。

おすすめのアイディア――自己認識の自画像

生徒に全身の自画像を描いてもらい、それを取り出しやすいところに収めておきます。年度内に繰り返し使うことになるので、掲示板に貼っておいたり、各自の机や整理棚に畳んでおいてもよいでしょう。

その自画像に、自分が学んだことをメモにして注釈として書いてもらうのです。たとえば、耳の近くのメモに「聴くことでよく学べました」と書いたり、手の近くに貼ったりする付箋に「私は手を使うことが好きだ」といった具合です。年間を通してつくり上げるこの自画像は、生徒の自己認識を育てる際に役立ちます。

正直な自己評価を教える[6]

担任として、生徒自身が行ったことや自らの成長について、正確に自己評価できない様子をたくさん見てきました。よくできる生徒のなかには、必要以上に否定的で、自らの能力を低く見ている子どもがいる一方で、あまりできない生徒のなかには、自分の弱点が見えていないのか、ごまかしているのか分かりませんが、自己評価が甘いという傾向があります。

面白いことに私のこの体験は、テストを受けた大学生に自分が取ったと思う点数を尋ねたという研究者たちの調査と一致しています。採点が行われ、学生の自己評価と比較されたとき、もっとも成績がよかった二五パーセントは、自分の予想よりもよい点を取っていました。それに対して、もっとも成績が悪かった二五パーセントは、実際に取った点数よりも平均で二〇点も多く予想していたのです。この研究は、人の自己評価は正確でないことを示すたくさんの例のうちの一つです（参考文献15参照）。

この事実は、選択肢を与えるということに関する考察においてとても重要となります。なぜなら、選択することの価値を最大化するためには、生徒は自己評価ができなければならないからです。そうすることで、自分のことをもっともよく学べるＺＰＤに置くことができるのです。

さらに正確な自己評価は、生徒たちの目標設定と修正・改善をする際にも役立ちます。この目標設定と修正・改善をするためのスキルは、より意味のある、自立的な学び手になるために役立ちます。次に紹介するのは、生徒の振り返り／自己評価のスキルを高めるための方法です(7)。

（６）これを実現する方法が紹介されている本のリストが「作家の時間、オススメ図書紹介」にありますので、参考にしてください。それは、カンファランスという方法です。

練習は頻繁に行う

授業がどのようなものであったかを振り返るために、「親指を上げたり下げたり」や、「グーからパー」など（一一九ページを参照）を使っているかもしれません。これらの、簡単で素早くできる自己評価の方法は、生徒が安全で正直になれる環境でさえあれば、自己評価のスキルを身につける機会をたくさん提供することになります。(8)

自己評価が具体的になるように支援する

生徒が取り組みを振り返る際、自己評価を裏づけるための具体的な根拠を挙げるように要求します。「今日の取り組みでよかった点を一つ挙げてください」や「何か一つ改善できると思った点は何ですか？」といった具合です。そうすることで、自己評価をする際により具体的で思慮深くなります。

生徒たちを個別にコーチする

一人ひとりを対象にしてカンファランスを行い、正確な自己評価をするのに苦労していることを発見したとき、優しく、しかもはっきりしたフィードバックを提供します。

「ファン、あなたはこの短編について全然よくないと考えているように聞こえました。でも、この作品には、とてもいい書き出し、面白いストーリー、そしてよく練られた登場人物が描かれていると思いました。あなたは、短編に求められている要素をすべてしっかりと含めていたのです」

あるいは、次のような言い方でもよいでしょう。

「リンダ、あなたはこのパワーポイントのプレゼンテーションは完成していると思っているようですが、まだ改善の余地があると思います。いくつかスペルの間違いがありますし、二〜三枚のスライドは文字が多すぎます」

我慢強く、持続する

ほかのいかなるスキルと同じように、メタ認知もそれを身につけるには、時間と練習、そして

（7）ここで紹介されているもの以外にも、『増補版「考える力」はこうしてつける』および『一人ひとりをいかす評価』があります。それぞれに多様な方法が紹介されていますので参考にしてください。

（8）翻訳協力者から「ここで教師が尋ねる質問はどのようなものなのでしょうか？」という質問がありました。生徒の理解度や取り組み度などが段階的に示せるものなら何でもかまいません。あくまでも主観的な判断になりますが、それも練習している間に（また、生徒同士で話させたりすることによって）、その評価はより現実に近いものになっていきます。つまり、より適切な自己評価およびそれを踏まえた自己修正・改善ができるようになります。日本では、そのチャンスがどれだけ提供されているでしょうか？

指導が必要です。単純な方法を使って言葉と活動を日々の授業のなかに織り込むことで、生徒自身がしていることについての考え方を学ぶためにサポートするのです。時間とともに、学びについて振り返ったり、考えたりするだけのたくさんの機会が得られるほか、あなたの継続的な指導と忍耐強いかかわりによって、生徒たちは自らを理解することがどんどんうまくなっていくでしょう。そして、その自己認識を使って、自分がもっともよい形で学べるように選択することも可能となります。

発達の最近接領域（ＺＰＤ）について教える

「適切なチャレンジ」のレベルで生徒たちが選択をするには（すでに述べたように、メタ認知スキルが欠かせません！）、それがどういう意味をもっているかについて知っておく必要があります。選択をする際にどのような言葉を使い、どのように教えるかは、対象の発達段階によって変わります。

あなたの生徒は、『三びきのくま』の話がもっともうまく関連づけられるかもしれません。あるいは、「自分にぴったりのゾーン」という言葉が「発達の最近接領域（ＺＰＤ）」を理解するうえにおいては適切かもしれません。年長の生徒たちには、心理学者のレフ・ヴィゴツキーについて少し説明をしながら、より高度に聞こえる「発達の最近接領域（ＺＰＤ）」という言葉を使ったほうが適切かもしれません（一九ページ参照）。

どのような言葉を使おうとも、すべての学習者は、このゾーンにおいて学習がピークに達し、もっとも楽しいものになるという考え方を理解し、自らのものにする必要があります。

なかには、チャレンジすることは楽しいという捉え方についてなじみがない生徒がいるかもしれません。教育とは、誰かほかの人から課された退屈な課題を次々にこなしていくこと、と思っている人にとってはとくにそうかもしれません。しかし、面白いことに、学業面ではやり抜く力を見せられず、もがいている生徒でも、それ以外の分野では信じられないほどの粘り強さを見せてくれることがよくあります。

この「適切なチャレンジ」という考えを個人的かつ肯定的に理解してもらうために、得意分野では生徒自身が一生懸命に取り組んでいることや、やる気があること、そしてそれらがよい結果をもたらすことに役立っているという経験を学習指導に使うとよいでしょう。(9)

スポーツ

生徒たちに、スポーツを通して身につけたスキルを考えてもらいます。それらのスキルは、Ｚ

ＰＤで一生懸命努力したことによって身につけた可能性が大いにあります。どのようなときにもっともワクワクして、面白いかについても尋ねてみるといいでしょう。たぶん、大差のゲームや僅差のゲームではなく、双方のチームが相手を限界まで追い込むような、シーソーゲーム的なものだと思います。

ビデオゲーム

もし、ゲームが簡単すぎて、あまり努力やチャレンジを必要としなければプレイヤーはすぐに退屈し、飽きてしまいます。逆に、ゲームがどうしようもなく難しいときも、プレイヤーは勝てないことが分かってしまうのでとてもいらだち、やめてしまいます。プレイヤーが各レベルを段階的にマスターして、次のレベルに挑戦したくなるようなゲームは、プレイヤーを常にＺＰＤに置き続けることになりますので、とても魅力的なものとなります。

芸術

生徒のなかには、ダンス、歌、楽器の練習のために長時間努力している人もいます。レーシングカー、顔、漫画を繰り返し描いている人もいることでしょう。彼らは、自分の描いたものを批判的な目をもって完成させようとしています。彼らが「面白い」とか「遊び」と呼ぶこれらの取り組みが、楽しいひたむきな努力であることを気づかせてあげてください。

もちろん、生徒たちは、ここに挙げたもの以外にたくさんのスキルを練習と努力によって身につけていると思います。そのなかには、料理、スケートボード、コンピューター・プログラミングなどが含まれるかもしれません。これらの個人的な体験に関連づけながら、ＺＰＤで練習することがどのようなことなのか理解してもらえれば、学業面で同じようにすればよいということが伝えやすくなるでしょう。

もう一つ考える必要のあることは、「自分にぴったりのゾーン」は活動の目的に応じて異なるということです。もし、生徒が複雑な（いくつもステップがある）文章題に取り組もうとしている場合であれば、イライラする直前の「自分にぴったりのゾーン」を探すように励まします。そ

（9）　右の部分と左の具体的な事例に対して、翻訳協力者の一人から次のコメントがありました。「マルティプル・インテリジェンス（マルチ能力）と共通する視点です。多様な才能があること、そして世界がすべての才能を必要としていることを知ることは、学びのもっとも大切な要素の一つであると私は考えます」。まったくそのとおりです。それをテストの点数に閉じ込めてしまうことはほとんど犯罪です。とくに教師向けにおすすめなのが『「マルチ能力」が育む子どもの生きる力』ですが、絶版で入手しづらいので、その短縮バージョンである『いい学校の選び方』と『シンプルな方法で学校は変わる』に紹介されていますので参照してください。

の理由は、クラスメイトと教師が近くにいて、サポートできる状況にあるからです。

一方、生徒が登場人物の設定や成長を分析しているなら、一人で読める本を選ぶことが望ましいと言えます。つまり、容易に読めるものということです。スラスラ読めるものでないと、その内容を分析するスキルを練習することができないからです。同様に、何段階かのレベルの課題を宿題として提供されている生徒も、一人でできるものを選ぶ必要があります。なぜなら、家では学校と違って助けを得ることができませんし、疲れている時間帯に一人で取り組む可能性が高いからです。

以上の点をまとめると、生徒が選ぼうとしている課題の難しさを、その課題に取り組む状況や目標と現実にマッチさせられるように生徒をサポートしなければならないということです。

成長マインドセット[10]を教え、促進する

スタンフォード大学のキャロル・ドゥエック（九八ページ参照）の研究チームは、「自分がどのような能力をもっているのかと信じること（信念）が、その人が達成することに大きく影響する」という研究をたくさん行い、結果を出しています。

停滞マインドセットをもっている人は、自分は頭がいいか悪いか、あるいはスキルをもっているか否か、といったことについて、それを変えることはできないという考えをもっているものです。それに対して、成長マインドセットをもっている人は、努力と一生懸命に取り組むことが、成長、学び、能力の獲得につながると捉えています。

ドゥエックはまた、人は与えられた状況によって、比較的容易に停滞マインドセットにも成長マインドセットにもなりやすいことを示しています。「あなたは頭がいいですね」などの極めて単純な言葉がけによって、停滞マインドセットに陥ってしまうのです。その言葉によって努力することをやめ、すでにもっている能力を守ろうとして、成長できる脳の機能をあえて止めてしまうのです（参考文献10参照）。

生徒が成長マインドセットをもてるようにすることは、教師ができるもっとも大切なことの一つとなります。そのような学習環境のなかで生徒は選択をして、自らのチャレンジを続けるのです。また、自分のニーズにもっとも適した学びを選べるようにするためには、生徒が努力とチャレンジの価値を認めている必要があります。つまり、正解を得たり、一番早く終わらせたりすることよりも、成長と学びを大切にしていることを意味します。

(10) マインドセットとは、難しくいうと「思考様式」、分かりやすくいうと「気のもちよう」ということです。しかし、それが私たちの考えや行動を大きく左右しています。ドゥエックの本が有名ですが、教師には『オープニングマインド』『マインドセット学級経営』『親のためのマインドセット入門（仮題）』がおすすめです。

　ドゥエックと彼女のチームは、成長マインドセットの生徒は挑戦しがいのある課題を楽しみ、それを学ぶチャンスと捉えていると認識しています。一方、停滞マインドセットの生徒は、間違えるところを見せたくないので難しい問題を避け続けます（参考文献10参照）。私は、これが反対方向に働いているケースも見たことがあります。つまり、自分をよく見せることが学ぶことよりも大切なので、自分にはできないような難しい問題をあえて選ぶ生徒がいたのです。

　成長マインドセットをもてるようにするための方法はたくさんあります。そのいくつかを以下で見ていきましょう。

モデルとしての教師——成長マインドセットを実演してみせる

　あなたが思っている以上に、生徒たちは教師をよく見ています。そのなかには、私たちが自らの成長や学びについて話していることも含まれます。つまり、私たちは好むと好まざるとにかかわらず、マインドセットのモデルを示しているということです。これさえ自覚しておれば、日々生徒たちに示し続けているマインドセットについて、もっと意識的に行う必要のあることが認識できるでしょう。

　もし、私たちが成長マインドセットを身につけていないなら、困難を伴うことになります。私自身、何度も意識せずに、生徒に停滞マインドセットのモデルを示してしまったことがあります。理科の授業中に図を描いていたとき、「私は描くことがとても苦手です」と言ってしまいました。何かを探しているとき、「年号を覚えるのが得意じゃありません」と歴史の授業中に認めたこともあります。このような言い方が生徒に大きな影響を及ぼしてしまうことに気づいて、自分の能力を否定的に捉えないように意識して話すようになりました。

控えめに自分を見せたいからか、リスクをより少ないものと見せたいからか、あるいは生徒にいい気分を味わってほしいからか、教師は否定的なひとり言を言ったり、意図的に自分の才能を貶めたりして、自らについて卑屈に話しがちです。教師がそうしてしまうのは、真の停滞マインドのもち主なのか、それとも意図的に生徒の自尊心を高めようとしているのかは分かりませんが、このような悪い習慣は同僚と協力しあいながらやめる必要があります。

もし、あなたがまだ成長マインドセットをもっていなかったとしても、それを言葉や行動を通してモデルで示すことができますので安心してください（**表4-2**を参照）。

鏡としての教師——成長を助ける言葉

同じように、生徒の学びを振り返る際に使う教師の言葉によっても、成長マインドセットか停

表４－２　言葉：学習者としての教師

場面	停滞マインドセット	成長マインドセット
・中学校の作文の授業で、自分が書いた作品を使って書き方のスキルを示そうとしている。	・「私はよい書き手ではありませんが、登場人物を紹介する一つの方法を見せましょう」	・「これはまだ下書きなので、まだ書き直しが必要です。でも、私がどのように登場人物を紹介しようとしているのかについて、お見せましょう」
・高校の生徒たちに、休み時間、近づきつつあるバンドのコンサートについて話している。	・「私は音楽が得意じゃありませんでした。高校時代にクラリネットを吹いたことがありますが、ひどかったです」	・「小さいときに、音楽にもっと熱心に取り組めばよかったと思っています。高校でクラリネットをやりましたが、マーチングバンドの一員になれるまでの練習はしませんでした」
・読み聞かせの最中に、小学１年生が「あなたは素晴らしい読み手だ」と叫んだ。	・「本を読むのが大好きです。常に、読むことは上手にできました」	・「本を読むのが大好きです。小さいころからたくさんの練習をしてきました」

滞マインドセットのいずれかを植えつけてしまうことがあります。教師が生徒の能力を「あなたは、頭がいいですね！」とか「あなたの音楽の才能はすごい！」と褒めてしまうと、生徒は難しい課題に挑戦しなくなったり、質問したりすることをやめてしまうかもしれません。なぜなら、能力があるように見せかけるほうに焦点を当ててしまうからです（参考文献11参照）。

ですから、生徒が達成したことを称賛したいときは、さらなる成功に向けてコーチングするのです。必要があれば、再び軌道に乗せてあげてください。成功には、才能ではなくて、努力と一生懸命に取り組むことが大切だという考えを促すような言葉を使ってください。そして、彼らに学習者であることを気づかせてあげてください（**表４－３**を参照）。

マインドセットについて教える

生徒たちのマインドセットは学びにとって極めて重要ですので、彼らに成長マインドセットが何で、それがなぜ重要なのかについて教えましょう。そのための方法はいろいろあります。

対象年齢にふさわしい形で成長マインドセットに関して説明している記事や動画を探して、[11]それらを読み／見て、クラスでの話し合いをするために、あらかじめ用意した振り返りの質問のなかから選ぶ形で準備をしてもらうのです。

表４－３　言葉：学習者としての生徒

場面	停滞マインドセット	成長マインドセット
・前日、クラスは補欠の先生で大変な一日でした。	・「このクラスは、私がいないときは信用できないようだ！」	・「次回、私がいないときのために、クラスとしてやれることを考えてみましょう。あなたたちは、昨日よりもよくできることを私は知っています」
・ある生徒が、驚くほどいい詩を書き上げました。	・「この詩は素晴らしいです！　あなたは才能のある書き手ですね」	・「この詩はあまり言葉を使っていないのに、とても深い意味をつくりだしています。どのようにこれを書いたのか教えてください」
・クラスメイトが、州レベルのチェスの大会で優勝した生徒のことを話しています。	・「クリスはとても才能があるよね。彼は、チェスの駒を持って生まれてきたようだ！」	・「クリスはかなり努力したんだと思います。あれほどうまくなるために、彼は毎週どのくらいの時間をチェスに費やしたと思いますか？」

生徒たちに、得意なこと（スポーツ、ビデオゲーム、読書、釣りなど）を何か挙げてもらいます。それから、それがうまくなるためにどのような方法を使ったのかを話してもらいます（練習する、努力する、一生懸命に取り組むなど）。そのあとで、あなたが扱いたいスキルでも同じであることを話します。

「あなたは、サッカーを週に六日することによってよい選手になれました。同じことは読むことでも言えます。練習と繰り返しが大切です」

あなたが、もがくことを祝う／歓迎すると、失敗は成功に向けての通過点だという考えを促進することになります。失敗しない人は学ぶことができません。生徒たちに、失敗したときの体験を紹介してもらうのです。あなたの失敗も、ぜひ紹介してください。壁に、線を引いて取り消した跡、書き直し、朱筆（修正指示）でいっぱいになっている下書きの展示物を貼り出してみてください。

生徒たちに関連づけられる有名人がどれだけ努力し、成長したのかという話を紹介することもできます。数えきれないほどの例がありますが、次のような人たちからはじめてもよいでしょう。

（11）日本語で入手できる成長マインドセット関連の本や記事や動画はまだ少ないです。ピーター・レイノルズの三部作である『てん』『っぽい』『そらのいろって』がおすすめです。ビデオは、https://www.edutopia.org/film-festival-growth-mindset や https://thecornerstoneforteachers.com/growth-mindset-videos/ で見てください。

ビートルズ、マイケル・ジョーダン、ビル・ゲイツ、ウォルト・ディズニー、トーマス・エジソン、オプラ・ウィンフリー、ドクター・スース[12]。

一生懸命に取り組むこと、努力、熱心に打ち込むことが学びの通過点であると捉えられるようになると（もがくことと成長の両方を喜べるマインドセットをもちはじめられるようになると）、生徒たちは自らをＺＰＤの状態に置けるようになります。つまり、自分のニーズやチャレンジを中心に据えた学びを選択するようになるのです。

脳について教える

生徒たちが成長マインドセットをもてるようにするためのキャロル・ドゥエックの提案に、脳がどのように機能しているのかについて教えるというものがあります（参考文献10参照）。神経回路がどのように成長するのか、情報は作業（短期）記憶から長期記憶にどのように移動するのか、限度を越えたストレスが記憶の収納と脳の論理的思考をつかさどる部分をどのように遮断してしまうのか、などの機能について生徒が理解できるようになれば、生徒は学びをコントロールすることができるようになります。

また、あなたは脳について、具体的かつ理解しやすいように話すこともできます。「次のパズルを解くには、あなたの脳を働かせることが必要になります」や「次のチャレンジに臨むことで、あなたは本当に脳を鍛えています」などの言い方をすることでもがくことと能力の関係を思い出してもらい、生徒の成長マインドセットを強化し、自らの学びにおいてよりよい選択ができるようにしていきます。

もし、脳がどのように機能していて、そのことが効果的な指導方法にどのように影響するのかということに関心をもたれた方には、ジュディス・ウィリス（Judy Willis）の『生徒の学びに火をつける研究に基づいた方法（*Research-Based Strategies to Ignite Student Learning*）』（参考文献26参照・未邦訳）をおすすめします[13]。

まとめ

学ぶことについて教えることがなぜ重要なのかについて、改めて振り返るよい機会です。学ぶ

（12）有名人の失敗談としていい本があります。『失敗図鑑　すごい人ほどダメだった！』です。

（13）日本語で読めるものとしては、『親のためのマインドセット入門（仮題）』の第４章がおすすめです。

際により多くの選択肢を生徒に提供する形で、より多くのパワーとコントロール（自己決定権）を手渡していくために、私たちは生徒によい選択ができるためのスキルと方法を与えなければならないことを思い出してください。よい選択方法を教えることなく生徒に選択をさせることは、子どもに運転の仕方を教えずに車のキーをわたすようなものです。

安心でき、サポーティブな学習環境をつくり、学びのより多くの責任（オウナーシップ）を生徒がとれるようにすることと同じように（これらについては第2章と第3章で扱いました）、生徒が上手に選択できるようになることと生徒がよりよい学び手になるための方法を教える最善の方法は選択肢を提供することであると認識することです。しかも、これらはともに関連しており、直線的ではなく循環的な関係にあります。

もし、私たちが選択肢を提供する前に、振り返りに必要なスキルをすべて生徒に教えなければならないと決めてしまったら、何も達成することはできないでしょう。したがって、私たちは選択肢を提供するという方法を使いながらメタ認知のスキルを教え、ＺＰＤを説明し、そして成長マインドセットを促進していかなければならないのです。これが、私たちが次に進むところです。そして、効果的に選択肢を提供するための条件整備ができたら、実際に授業で選択肢を提供する際の「すてきで面倒な」状態を解き明かすことにします。

セクション3

選択する学びの基本

本書の最後のセクションでは、選択することをうまく機能させるためにはどうすればいいのかについて、気合いを入れて真剣に考えていきます。実のところ、多様な選択があり、その多くは極めて単純なものですが（たとえば、二つのワークシートから一つを選んだり、一人でするかパートナーと一緒にするかを選んだり）、この方法を利用することで生徒の複雑さが増すということだけは避けて通ることができません。

もちろん、うまく使われたときの価値には大きいものがあります。しかしながら、生徒のニーズとあっていなかったり、教師や生徒の手に負えなくなったり、学習目標から逸れてしまったりするものであれば、あなたが期待しているような効果を上げることはできないでしょう。

また、この「セクション3」では、「選択肢を提供する」という方法を導入する際に教師が使うべき三つのプロセスを紹介していきます。そのなかには、選択して学ぶ際に生徒が体験すべき三つのプロセスも含まれています。

生徒のプロセス

いかなるよい学習体験にも、左上の図のように三つの段階があります。学習者はまず、自分が

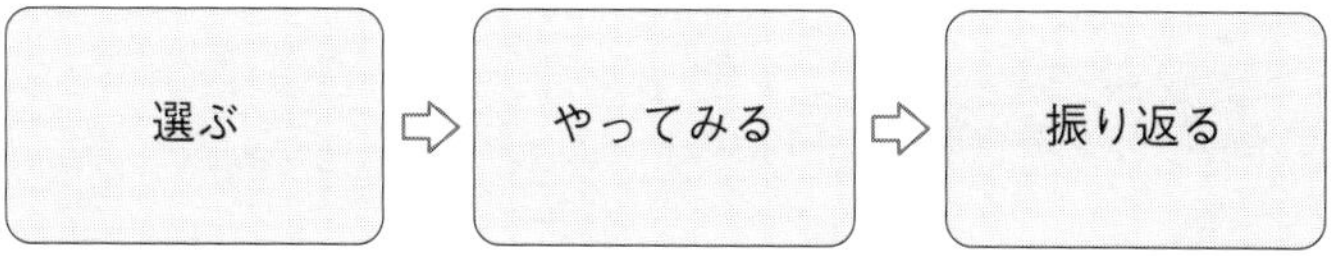

することについて考えます。次に実際に体験し、最後に自分がしたことについて振り返って考えます。実証済みとなる「前－間－後」というこの枠組みは極めて単純なものですが、効果的なプロセスなのです。よく知られた例は、国語のリーディング・ワークショップとライティング・ワークショップのやり方に見られます（次ページの**訳者コラム**を参照）。

通常、授業はミニ・レッスンではじまります。これは、生徒に特定のスキルを教えたり、その日の目標を提示したりするものです。次に、生徒たちはひたすら読んだり、書いたりする時間をもちます。それは一人で、もしくはペアか小グループで、あるいは教師によるカンファランスというサポートを得る形で行われます。

一時間の授業は、学んだことを強固にするための学びや気づきの共有と、振り返りを目的とした時間をもつことで終了します（五〇分の授業だと、ミニ・レッスンに五～一〇分、ひたすら読む／書くに三〇～四〇分、共有／振り返りの時間に五～一〇分を費やします）。

六週間の単元で、生徒たちが異なるテーマを選んでプロジェクトをつくりあげる場合は、言葉の学習のために二つのワークシートから選ぶのとは違ったレベル

訳者コラム　「ライティング・ワークショップ」と「リーディング・ワークショップ」

日本では「作家の時間」と「読書家の時間」の名称でも実践されています。この教え方が生まれた背景には、伝統的な教師が頑張って教え続ける作文教育や読解教育は機能しないという反省がありました。書いている時間や生徒の読んでいる時間を増やさないかぎりは、書けるようにも読めるようにもならないからです。つまり、生徒たちこそが「実際にする」時間を増やすことこそが最善の方法であると捉えるのです。そうでないと、「作文ごっこ」や「読解ごっこ」が続くだけです。

同じことは、算数・数学、理科、社会などの教科でも言えます。たとえば、算数・数学で、たくさんの問題を解いて正解を得る（「正解あてっこゲーム」をやり続ける）ことと「算数・数学をする」こと、つまり数学的思考を身につける学び方は根本的に違うのです。後者については、『算数・数学はアートだ！』や『教科書では学べない数学的思考』が参考になります。

（時間と質）の選択が求められます。

しかしながら、右で説明した基本的な枠組みはいかなる学習活動を考える際にも使えます。宿題の選択であろうと、野外学習を計画するときであろうと、生徒に特定のスキルを練習させるときであろうと、単元のまとめの段階で生徒を評価するときに使えます。

この三段階のプロセスには多様な言葉（「導入－中心－まとめ」や「開始－作業する時間－まとめ」など）が使われますが、本書では「**選ぶ－やってみる－振り返る**」を使うことにします。そして、第6〜8章において、それぞれについて詳しく説明していきます。

選ぶ

最初の段階で、生徒がよい選択をできるように教師が準備をします。どんな選択肢があるかを説明して、生徒が熟慮した判断が下せるようにします。思慮深い選択ができるように、教師が時間と枠組みを生徒に提供するということです。

やってみる

いったん生徒が選択をしたら、それを最後まで追求し、生徒は自らがやるべきことを行います。教師はコーチの役割を担い、生徒のニーズに応じて、指導したり、サポートしたり、問題解決をしたり、励ましたりします。そうすることで、生徒は学びにおいて成功することができるのです。

振り返る

最後に、生徒が何を学んだのか、どのように学んだのか、選択が自分の学びをどのように助けた（あるいは助けなかった）のかについて、よく考える機会を提供します。これは、生徒の理解を助けるだけでなく、振り返りのスキルを身につけることにも役立ちます。後者は、将来、よりよい選択と学びを可能にします。

よい選択をつくりだす ⇨ 生徒の選択を手助けする（選ぶ、やってみる、振り返る） ⇨ プロとしての振り返り

教師のプロセス

生徒が選択することを計画し、実行するのに三段階の枠組みがあったのと同じく、教師も選択にまつわる計画と実践をする際に三段階の行程があります。

第5章では、第一段階の生徒にとって意味のある選択をつくりだす方法について考えます。それは、学習目標および生徒のニーズや好みと直接的に関連してきます。

第6〜8章では、生徒の選択を手助けする方法を学びます。生徒がよりよい選択をする際のサポートの仕方、生徒がやっているときのサポートの仕方、そして、生徒の選択および振り返りの能力と、意思決定の仕方を掘り下げるための振り返り方を扱います。

そして、最後の第9章は、「教師のサイクル」を完成させることを目的として自分自身の体験全体を振り返り、「選択する学び」をいかした実践に関して、今後さらに発展させるための章となります。

第5章 よい選択肢をつくりだす

クラスの前に立って、クリスティンが誇らしげにほほ笑んでいます。私の四年生のクラスでは、過去一週間、自分たちが太陽系について学んだことを共有するためのプロジェクトを行ってきました。

クリスティンは太陽について学びました。彼女はたくさんの面白い情報を集め、それらを分類して構成したあと頑張ってプロジェクトにまとめ、いまそれをクラスのみんなに紹介しようとワクワクしています。

彼女は、自分のプロジェクトをやり遂げるために苦労しました。普段は学業にあまり熱心に取り組まない生徒だっただけに、私は彼女の努力に感動してしまいました。このプロジェクトは簡単なものではありませんでした。彼女は、巨大な太陽に色を塗ろうと熱心に取り組んでいました。この作業に、かなりの時間と労力をつぎ込んだのです。

固い段ボールをハサミで切ることだけでも、小学四年生の女の子にとっては大変な作業で

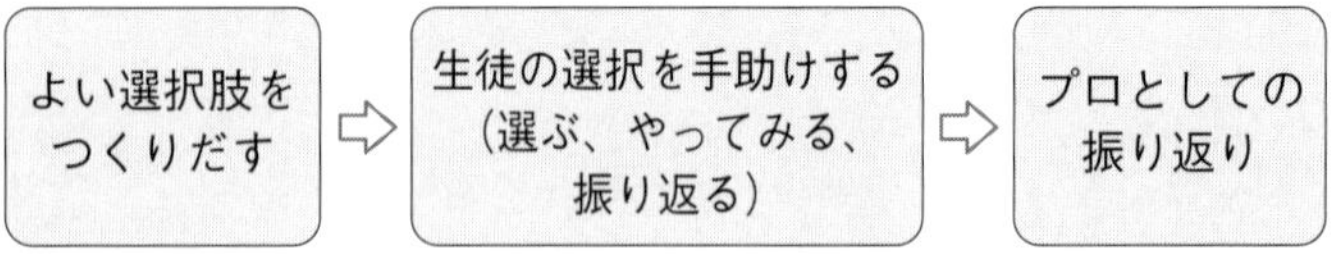

した。さらに、その段ボールを、黄色とオレンジのペンキで塗りつぶさなければなりませんでした。でも、私もクリスティンも、学習目標だった太陽について学ぶために、巨大な太陽が必要だったかどうかについては考えませんでした。

　彼女の発表は完全に失敗と言えるものでした。つくりだした太陽は自慢できるものでしたが、説明がうまくできなかったのです。彼女は、巨大な太陽と、それをつくるのにどれだけ頑張ったのかについてしどろもどろに説明しました。そして、緊張しながらメモを見て、学んだ太陽の情報を紹介しました。最後に、クラスメイトからの質問に答えてから席に戻りました。

　クリスティンがこの日に起こったことをどれだけ理解しているのか私には分かりませんが、私は貴重な教訓を得ました。それは、「選択肢がよいものであったときのみ、『選択する学び』という学習方法は効果的だ」ということです。これが、本章の焦点となる「よい選択肢をつくりだす」です。

　どの教科やどの学年のいかなる場面においても、選択肢を提供するという方法は素晴らしいことなのですが、結局のところ選択することは手段であって、それ自体は目的ではないということです。

選択肢を提供するという方法は、適度なチャレンジの学びに取り組ませるか、生徒の強み、興味関心、あるいはニーズを利用する形でやる気を高め、それが生徒の学びを向上するときのみに使われるべきです。

元同僚の教師が、「四つの悪い選択肢は、何も選択肢がないときよりも深刻だ」と言っていました。悪い選択肢は、生徒のやる気を削ぎ、時間を無駄にし、学習への熱意を下げることになります。場面や状況によっては、選択肢を提供するという方法が適切でないこともあります。そういう場合は、この方法を無理に使わないでください。使うことが適切と判断した場合は、生徒たちの学びを向上するために必ずよい選択肢をつくりだしてください。

それでは、よい選択肢とはどんなものなのでしょうか？　選択肢が適切かどうかは、どうすれば分かるのでしょうか？　とくに、選択肢を提供するという方法を使うのが初めての場合は、どうすればよいのかが分からなくて、その状況に圧倒されてしまいます。

では、どのようにはじめたらいいのでしょうか？　本章では、学びを促進する選択肢の提供に関する主な特徴を扱います。それらの特徴を検討することを通して教師は、生徒が潜在的にもっている可能性を最大限に引き出す選択肢をつくりだすことができます。

選択肢は学習目標に適合していなければならない

クリスティンの太陽プロジェクトは、学習目標にうまくマッチしていませんでした。段ボールから大きな太陽を切り出して色を塗っても、彼女が学ぶべき内容を補強するためには役立たなかったのです。彼女は大きな太陽をつくることに熱心に取り組みましたが、その取り組みは彼女の学習目標と結びついていなかったわけです。したがって、彼女の取り組みは、理科の内容を学ぶという恩恵をまったくもたらさなかったと言えます。

これが、よい選択肢を考えるためにもっとも重要となる特徴です。つまり、「選択肢は、生徒の学習目標に適合していなければならない」ということです。生徒の学習目標とする情報源には、①スタンダードとカリキュラム（指導内容）と②学び方（学習方法）の二つがあります。

スタンダードとカリキュラム（指導内容）

生徒にとっての選択肢を考えるとき、押さえないといけない学習内容からはじめてください。生徒は何を学ぶ必要があるのか？　もし、あなたがこのことについて明確になっていなければ、あなたが提供する選択肢はよいものにならない可能性があります。

たとえば、新任の教師として私は、「理科における最初の単元は何か？」と同僚に尋ねたことがあります。彼女の答えは「プレーリードッグ」[1]でした。私は、「なぜプレーリードッグ？」と尋ねました。いまにしてみると、理科の教科書の第1章がプレーリードッグについてだったのです。それは、身近な所に生息する動物について生徒が学ぶことを助けるためでした。たしかにプレーリードッグは可愛いかもしれませんが、この動物がすべての生徒の心を捉えるのかについては疑問でした。

単元の本当の目標を理解したので、単元における重要な学習目標（自分たちの地域に生息している動物の特徴について理解する）を確実に押さえながら、学習内容（どの動物について調べるか）については、生徒たちが選べるように私は選択肢を提供することにしました。その結果、生徒たちは地域で見られる動物から興味のあるものを選び、それぞれのチームが教科書に書いてある内容（集団のなかでの、異なる役割や社会的な階層などについて）を学びました。

生徒たちは活発に、そして熱心に取り組んだこともあって、その単元で押さえることになっていた重要な科学の概念について学ぶことができました。結果的には、アリ、イルカ、ライオン、

（1）アメリカ中西部の草原に群生するリス科の野生動物で、穴を掘って棲みます。

オオカミ、シャチの五つのグループができました。ちなみに、プレーリードッグを選んだ子どもは一人もいませんでした。(2)

また、高校の教師をサポートしていたとき、「ドラマ教育」の教師が、(3)次のプロジェクトで選択肢を提供することが生徒の役に立つのではないかと考えていました。彼のクラスでは、生徒たち流の『ハムレット』を考え出すことになっていました。もちろん、シェイクスピアの本からヒントを得なければならないわけですが、同時に、自分たちなりの演出やオリジナリティーを入れることが求められていました。

このプロジェクトを実施する際において困難となる部分は、オリジナルの『ハムレット』の内容を知ることです。つまり、すべての生徒が脚色できるようになるためには、その物語をみんなが理解する必要があるということです。

彼はカリキュラムに忠実な教師なので、全員にシェイクスピアの『ハムレット』を読ませるつもりでいました。しかし、それには問題があったのです。生徒たちの多くはそれなりに古典を読む能力をもっていましたが、なかには複雑すぎて『ハムレット』を理解することができない人もいたのです。しかも、生徒たちのなかには、たくさんの単位を取っていたり、課外活動に参加したりしている生徒もいました。原書を読むのは授業外でなければならなかったので、全員がちゃんと読めるだけの余裕があるだろうかと彼は不安に思っていたのです。

もし、きちんと読めなければ、オリジナル版の書き直しはできません。私は彼に、「異なるバージョンがあるのか？」と尋ねました。そしたら、彼は注釈付きのバージョンも持っていると言うのです。そこで、彼は両方のバージョンを生徒たちに提示して、時間と理解力のことを考えて、自分にあったほうを選べるようにしたのです。

その結果、生徒たちは自分に適したほうを選んでプロジェクトを進めることができたので、素晴らしい効果を生み出しました。

次ページに掲載した**表５－１**は、学習内容にマッチしたいくつかの例を紹介したものです。

（２）これが、教科書をカバーする授業をするか、それともカリキュラムの目的を達成する授業を展開するかの違いと言えます。教科書は、あくまでもヒントを提供しているだけなのです。そのままやってしまっては、生徒はもちろん教師も、教科書執筆者に「仕方なくお付き合いする」だけとなってしまいます。そんな状態は悲劇です！　これについて翻訳協力者の一人から、「まったく同感です。『教科書を教える』授業がなくなることを願ってやみません」というコメントがありました。

（３）欧米では、高校レベルにおいて存在しているほど重視されている授業です。訳者が二〇年近く前に『ドラマ・スキル』を訳しているのは、実際にそれを見て感動したからです。日本の中高生が一日中座り続けて授業を受けるよりもはるかに楽しく、収穫の多い授業です。この年代の子どもたちには動くことが必要ということを、教育者が理解していないのです。その後、日本でもダンスなどが選択科目で取れるようになっていますが……。

表５－１　学習内容にマッチした選択肢

学年	教科＋内容	よい選択肢
１年生	音楽・リズム	手を叩いたり、足を踏み鳴らしたり、膝を叩いたりして練習する。
３年生	算数・多角形	クラスの案内板に、三角形、四角形、五角形などを描く。
６年生	保健・麻薬の影響	抑制剤、興奮剤、幻覚剤のなかから、自分の調べる分野を選ぶ。
８年生	理科・ニュートンの第三の法則	宿題で基本的なことを学ぶために、記事を読む、ビデオを見る、あるいはその両方をする、から選ぶ。
11年生	保健体育・健康的なライフスタイル	自分の健康的なライフプランを作成するために、水、炭水化物、タンパク質、脂肪、ビタミン、ミネラルといった栄養素のなかから一つを選ぶ。

学習方法

言うまでもなく、学ぶ内容が学ぶ方法とバラバラであるはずがありません。何を生徒が学ぶのかという選択肢と同時に、どのように（あるいは、どの程度）学ぶのかについてもあなたは考える必要があります。

生徒は、スキルを練習しているのか、内容を覚えようとしているのでしょうか？――この場合は、練習と繰り返しを含む選択肢を提供することになります。

生徒は、クラスでの話し合いの準備をしているのでしょうか？――この場合は、自分の考えを記録するために、メモの取り方という方法を選択肢のなかに含めることが必要となります。

クリスティンの太陽プロジェクトにおける問題の一つは、まさに「これ」でした。段ボールから切った大きな太陽に色を塗るという活動が、学習目標だった太陽に関する深い理解と、それを共有するということにマッチしていなかったのです。

似たような間違いを、私は算数の授業でしたことがあります。分数式を約分するミニ・レッスンのあとで、それを練習するための選択肢を生徒たちに提供しました。問題集に書かれている問題に取り組むか、自分で問題を考え出すか、約分を表す視覚的な説明を描くかという選択肢を提供したのです。じつは、三つ目の選択肢では、視覚的に学ぶことで生徒の興味をひき、色鉛筆やマーカーを使って分数を解いていく過程に興奮するのではないかと期待していたのです。

問題となったのは、分数を描くのにかなりの時間がかかるということでした。問題を解いたり、問題をつくったりした生徒たちは繰り返し練習ができましたが、三つ目の約分を描くという選択をした生徒たちは、あまり練習機会を得ることができませんでした。結果を言えば、その選択肢は学習内容にはマッチしましたが、学習方法にはマッチしなかったということです。

次に紹介するのは、選択肢を提供したことが学習内容と学習方法にマッチした例です。

八年生を教えるネイト・グロウブ先生の社会科の授業では、数週間にわたってアメリカ独立戦争の原因について分析を行ってきました。鍵となる質問は、「独立戦争は意味があったのか？」です。最終評価として、生徒たちは独立戦争が妥当だったか否かを論じなければなりません（「真実をよりよく理解するための理性的な意見の礼儀正しいやり取り」と定義されたなかで）。

グロウブ先生は、生徒たちの考えを述べるレポートをこれまでに提出させていましたが、なかには全力を尽くしていない人がいたので、生徒たちの知識と理解をどこまで測れていたのかについて疑問に思っていたのです。そこで今年は、鍵となる質問（八つの出来事や概念のうちの三つを選ぶ）と選択肢が提供されただけでなく、以下の三つのプロジェクトのなかから一つを選んで取り組むことにしました。

芸術——双方の主張が対比できる形で描写し、見る人に自分の考えを理解してもらえるようにする。イメージを補うために、それらを文章の形でも書いて、自分の考えを理解してもらう。

博物館のキュレーション(4)——双方の主張を対比する三次元の展示物をつくり、それを通して、自分の考えを見る人に理解してもらえるようにする。作品には、それをつくった理由と、自分の主張を理解してもらうための簡単なプラカード（掲示）を含める必要がある。

レポート——鍵となる質問（独立戦争は意味があったのか？）に答えながら、八つの出来事や概念のうちの三つについて、妥当だったとする立場と妥当ではなかったとする立場の双方から示すレポートを書く。それには、具体的な証拠や例をふんだんに使う必要がある。

一時間の授業中に生徒はどれを選択するかを考えて、計画を立て、そのあとの三時間を使ってプロジェクトを完成させました。

この体験を振り返ってグロウブ先生は、これまでのやり方よりも生徒たちは打ち込んで取り組んだと確信しました。より重要なことは、生徒が三つの選択肢のどれを選択しても、作品をつくることを通して独立戦争に対する自分たちの立場を明らかにするために知識や理解を活用することができたことです。

表5－2では、選択肢を提供したことが学習方法と合致している事例を紹介しています。

生徒にマッチする選択肢

カリキュラム（指導内容とその方法）の目標とマッチしていることに加えて、選択肢が生徒にマッチしている必要があります。生徒たちの視点から可能な選択肢をよく考えてください。どんな授業、単元、活動を計画しようとしているのかについて、生徒の立場で考えてみてください。

（4）人力で、情報を収集、整理、要約、公開（共有）することを言います。

表５－２　学習方法の目標にマッチした選択

学年	学習方法	よい選択
幼稚園	二つずつ数える練習をする	練習には、ディスク（円板）、プラスチック製の虫、計算票のいずれかを使う。
４年生	登場人物の性格を深く理解する	最近読んだ本のなかから一人の人物を選び、その人物の性格や動機を表すために①書き込みのあるポスター、②性格を表すスケッチ、③インタビュー記事、のいずれかを選んで仕上げる。
７年生	タイムトライアルのウォームアップの仕方	体育の授業で１km 走のタイムトライアルの前のウォームアップの仕方として、早足で歩く、軽くジョギングする、軽いストレッチとドリルをする、あるいはその組み合わせを選んで行う。
10年生	クラスでの話し合いの準備のために振り返る	生徒たちは気候変動の影響についてのディベートを行おうとしており、そのための準備として５分間、自分のノートを振り返るか、小グループで事前の話し合いをするかから選ぶ。

何は魅力的で、何は興味をなくさせるのか？　何は簡単で、何は難しいのか？　どんな選択肢が物事を容易にするのか？

第２章では、生徒たちとの関係について、彼らがリスクを負ってでも挑戦できるような信頼関係はどのようにしたらつくれるのかについて述べました。

生徒のことをよく知ることは、教師にとっては想像以上に大きな収穫があります。その努力をしさえすれば、生徒たちの興味関心、強み、ニーズ、経験などについてさらに知ることができるのです。

選択肢は、生徒の興味関心と強みを反映していなければならない

年度が終わろうとしているこの時期、生徒たちは最後の研究プロジェクトに取り組もうとしています。共通のテーマを設定していないので、生徒たちはさまざまなものを選んでいます。ジャスティンが「人間の腕」を選んだとき、私（教師）は疑問をもちました。

「手でも肩でもありません、エンダーソン先生。ここからここまでの部分です」と言いながら、手首と肩を切るようなしぐさをしました。ほかのテーマを模索してもらいたいという衝動に駆られましたが、まずはジャスティンに尋ねてみました。

「なぜ人間の腕なの？」

すると彼は、骨と筋肉がうまく働いて機能していることを、驚くほど興奮して説明したのです。彼はすでに、プロジェクトでどのように学び、学んだことをどのように紹介すればよいのかということについてもいくつかのアイディアをもっていました。また、このテーマに関する彼の情熱と人間の腕に対する関心が理学療法士である父親から来ていることも知ったので、私は許可しました。その結果、素晴らしい研究プロジェクトになりました。

クラスへの二〇分間のプレゼンテーションでは、クラスメイトたちに自分の腕を感じさせ、異なる骨や筋肉が識別できるようにしていました。彼は、人間の腕の模型を木と輪ゴムでつ

くり、一方の筋肉が締まると別の筋肉が緩むことを見せてくれました。私自身、人間の腕についてたくさん学ぶことがあって驚いたぐらいです。

この話はちょっと極端な例かもしれませんが、ここで述べるテーマの核心をついています。あなたが生徒の興味関心と情熱を知っていたら（つまり、動機づけとなるものを知ることができれば）、その興味をそそらせ、さらに燃え上がらせるための選択肢をつくったり、見つけたりする場合の助けになるということです。

以下に紹介するのは、教師がよい選択肢をつくるために、生徒の興味関心と情熱を活用するための事例です。

・コーディーは、普段からまったく読まないし、また読めない生徒です。放課後は、何時間もスケートボードに費やしています。彼の教師は、リーディング・ワークショップ中に読める本の選択肢として、教室の図書コーナーにスケートボードに関する本を何冊か加えました。

・生徒の多くがスポーツ好きであることを知った数学教師は、放物型方程式を練習するために、問題のなかにスポーツに関連した文章題をいくつか選択肢として含めました。

・授業で説得型の文章[5]を書こうとしています。よいテーマが選べるように教師は、みんなが熱中できるテーマのブレインストーミングを生徒と行いました。

選択肢は、生徒のニーズと目標を満たすものでなければならない

アーロン・ウォード先生は五年生を教えています。過去数日、彼の授業では最大公約数と最小公倍数を学習しています。ウォード先生はすでに何回かミニ・レッスンを行い、生徒たちに練習する時間を提供してきましたが、生徒のなかに、すでに十分理解できている人とまだ練習が必要な人がいることが分かりました。そこで彼は、生徒たちの学習ニーズにもっともふさわしい活動が選べるようにしようと考えました。

最初にウォード先生は、生徒のニーズと学習傾向を踏まえた三つの選択肢を考えました。一つ目の選択肢は、彼がつくったワークシートに取り組むことです。なかには、優しいものや難しいものなどの問題がたくさん含まれており、生徒は自分のレベルにあったものや自分のレベルを超えたもの（かなり挑戦し、かつ誰かの助けを借りる必要があるもの）から選んで取り組むことができます。

二つ目の選択肢は、簡単なゲームをクラスメイトと行うというものです。一人が数字しか

(5)　読み手を説得するために書かれるもので、ウェブ上でモノを売りたい人や、何かを主張したい人にとって必要となる文章形態のことです。http://unique-experience.xyz/?p=1254

書いてないカードをめくると、パートナーがその数字の最大公約数と最小公倍数を言うのです。そして、言われた数字は別の用紙に書き出します。

三つ目の選択肢は、教師とともに練習するという方法です。教師が小さなホワイトボードとマーカーを持って、教室の隅にあるテーブルに座りました。教師が問題を出して生徒たちが解きます。生徒たちが問題に取り組もうとしたとき、二人の生徒がウォード先生に近寄ってきて、「ウォード先生、この理論（法則）がどのように機能するのかについて、僕たちが取り組んでいたことを覚えていますか？　黒板のところに行って、その理論の続きを考えてもいいですか？」と尋ねました。

ウォード先生は、この二人の生徒が取り組んでいる内容については十分に理解していましたが、二人がそれをはっきりさせたがっていたという理論については知りませんでした。そこで、次のように言いました。

「もちろん。でも、授業の最後に、君たちの考えをみんなに紹介してくださいね」

生徒たちは、三〇分間集中して取り組みました。その授業を観察していた私は、教室の中を歩きながら生徒たちとも話をしました。四人の女子生徒たちがワークシートを選択し、教室の後ろのほうに座っていました。

「なぜ、ワークシートを選んだのですか？」と私は尋ねました。一人が「練習するにはよい方法だと思ったからです。それに、ゲームをしたいとは思いませんでしたから」と答えました。もう一人がうなずきながら、「自分で取り組みたい問題が選べるのはよいと思いました」と言いました。

たまたま教室に入ってきた人と話すために、ウォード先生とともに練習をしていたグループから先生が一時的に離れました。私はすぐにそのグループのところに行って、「あなたたちは、なぜこの選択肢を選んだのですか?」と尋ねました。六人のうちの五人が、「まだよく分からないので、先生の助けを得られるので選びました」と答えました。

教室の至る所で、同じような回答を生徒たちから得ることができました。彼らは、学習者としてのニーズに基づいて選択肢を選んでいたのです。

次に紹介するのは、生徒たちのニーズや目標にマッチする選択肢を提供するために教師が使っているほかの事例です。

・年度の初め、何人かの生徒が、「自分たちの目標の一つは新しい友だちをつくり、彼らとよい関係で助け合えることだ」と言いました。そこで教師は、①一人でするか、②ペアでするか、あるいは③三人一組でするか、という選択肢を提供しました。

・ある教師は、個別学習をする際に、①座って、②立って、③床に寝てする、という選択肢を生徒に提供しました。

・生徒たちがテストのために勉強をしています。テストの異なる部分に焦点を当てている四つの選択肢を教師が提供しました。生徒たちは、自分にとってもっとも練習が必要だと思うものを選びました。

・生徒たちは外周と面積について学んでいます。紙と鉛筆を使って計算をするか、絵を描くかのいずれかから、概念（コンセプト）が理解しやすいと思ったほうを選んで学びました。

あなたには、「自分の生徒たちをどのくらい知っているのか？」と再考する必要があります。もし、あなたが生徒たちのニーズを知らないのであれば、学習者のニーズにあった選択肢をつくりだすことは不可能です。日頃の話し合いと形成的評価（カンファランス、出口チケット、観察、話し合い、入り口でのチェックインなど[6]）を通じて生徒たちに注意を払っておれば、学習者のニーズを最善の形で満たすだけの選択肢をつくりだすことができます。

選択肢は、生徒の発達にマッチしていなければならない

私は学部時代に「子どもの発達」を専攻していたので、生徒の年齢に関する発達面での特徴が

教え方に貴重な情報を提供してくれることを知っています。六歳児を教えるときは、提供する選択肢は具体的なもので、体験的な要素を踏まえたものであるべきです。一方、一〇歳児に対しては、パートナーや小グループでの活動が含まれているといいかもしれません。また、中・高生たちを教えるときは、学校外のものに触れられる選択肢を提供するとよいでしょう。つまり、地域や世界の問題に対して、深まりつつある彼らの興味と理解を活用するのです。

もし、子どもの発達についてもっと詳しく知りたければ、あなたが読むことができる本や資料がたくさんあります。私がとくにすすめる本は、ウィリアム・クレイン（William Crain）の『発達の理論』（参考文献５参照）と、チップ・ウッド（Chip Wood）の『発達の尺度（*Yardsticks*）』（参考文献27・未邦訳）の二冊です。前者は異なる理論家と理論をたくさん紹介していますし、後者は子どもの発達理論を教室で実践したいと思っている教師にとっては素晴らしい資料となっています。

あなたが、特定の子どもに関する発達関連の資料を活用しようとする場合も、教えている学年に対する自分の知識と経験に頼ろうとする場合も、提供する選択肢（その内容や提示の方法）を

（６）　これらについては、診断的評価と形成的評価について詳しく紹介されている『一人ひとりをいかす評価』を参照してください。

特定の年齢に当てはめることができれば、選択肢を提供するという方法の効果は飛躍的に高まります。次に紹介するのは、そうした状況を示すいくつかの例です。

・七歳児が一人ないし小グループで活動することを好むという習性を知っている教師は、算数の練習をするときにこうした形態の選択肢を提供しています。
・教えている学年では自然と触れ合えば夢中になることを知っている教師は、クラスの図書コーナーに、たくさんの動物、気象、地学関連のノンフィクションを置いています。
・生徒たちがICTを使った作業が好きなことを活用して、ある教師はクラスのウェブページに学んだことを紹介する方法として、オンラインプレゼンツールのパワーポイントやPrezi《プレジ》、あるいはメディアミックスブログサービスのTumblr《タンブラー》を選べるようにしています。

選択肢は、生徒のレディネスにマッチしていなければならない

選択肢を提供することに関してですが、あなたの生徒はこれまでにどのくらいの経験がありますか？　学校や教育委員会によっては、選択肢を提供することがすべて(7)の授業において行われています。幼稚園や小学校の低学年では、どのようなセンターやコーナーを訪ねるのか、どのような本を読むのか、どのようなゲームをして遊ぶのかについて選択肢が提供されています。

小学校の高学年や中学校では、複数のジャンルを使って学び、学んだことを発信するプロジェクトを含めて、ほとんどの教科で選択肢が提供されています。また、高校生たちは、各自が独自に行う探究や、「一人ひとりが最善を尽くす」と同時に「みんなが一つになって協力する」形のコミュニティー・サービス・ラーニング・プロジェクトに取り組んでいます。[8][9]

しかし、学校や教育委員会によっては、教科書や指導書どおりにほとんどの授業が行われており、画一化された一斉形態になっているところもあります。そういうところでは、生徒たちにあまり選択肢は提供されていないでしょう。

とはいえ、生徒たちの準備ができる前に教師があまりにもたくさんの選択肢や複雑な選択肢を提供してしまうと、生徒たちは混乱したり、必要以上に不安になったりして、もっとも簡単で安

---

(7)　五ページの訳注を参照ください。

(8)　とくに、理科や社会で使われる場合が多いです。従来のノンフィクションの資料を使うだけでなく、フィクション、詩、新聞記事、日記、写真やイラストなど多様なジャンルを使ったほうが学びやすい生徒が多いからです。また、情報を発表する際も、従来のレポート形式よりもマルチ・ジャンル／マルチメディア形式のほうがインパクトは大きくなります。詳しくは、『教科書をハックする』（近刊）をご覧ください。

(9)　サービス・ラーニングは、地域の奉仕活動とキャリア教育をあわせた取り組みです。日本のように期間限定ではなく、三〇時間とか一学期の決まった曜日の午後というように、継続して取り組む形で行われています。また、各教科との関係にも配慮されることが多いです。そうしないと単なるイベントに終わってしまうからです。

全な選択肢を選ぶか、選択することを放棄してしまうといったことも起こり得ます。選択することに対する生徒たちのレディネスと経験にマッチできたときにこそ、彼らは選択という方法を最大限にいかすことができるのです。生徒たちの成功を確実にするために、あなたは次のようなことができます。

前年度の生徒の状況を把握する

前年度に担任をした教師に確認をします。生徒たちがどのような選択肢を選び、それにどのような反応をしたのかについて尋ねます。確認することで、生徒たちがどのような準備ができているのか、また、どうしたらより複雑な選択肢に対応することができるのかについてのスキルを教えることができます。

最初はゆっくり

年度当初は、簡単な選択肢を少なく提供します。たとえば、授業の最後に二種類の簡単な出口チケットを置き、選んで書けるようにします。あるいは、棒グラフを書くときには、色鉛筆かマーカーのいずれかを使って色塗りができるようにするなどです。

こうしたことから取り組むことで、複雑な選択であっても効果的に行うだけの準備が徐々に整っていきます。

足場を築きながら選択肢を徐々に広げていく

ある中学校の教師は、年度始めの週、全員に同じ形態の読書ノートを書かせました。第二週は異なる方法を紹介して、第三週は、いずれかの方法（形態）を選んで書くことようにしました。さらに、全員に新しい方法を教え、生徒たちは三つの方法から選んで書くようになりました。

このようにしてすべての生徒が多様な読書ノートの書き方を学んだおかげで、少なくとも八つの方法を身につけることができました。

必要に応じて修正する

より多くの選択肢を提供するに従って、生徒たちがその選択肢にどれだけ対処できるかについて、何となく分かるようになります。しかしながら、特定の時期、とくに長期休暇の前後や学年末は生徒たちが慌ただしい状況となりますので、選択肢の数やその複雑度を減らす必要があるかもしれません。よって柔軟に対応してください。

標準から外れている生徒のことを考慮して選択肢を考える

　選択肢を考えるとき、ほとんどの生徒が共感でき、魅力が感じられるものでなければなりません。その際は、標準に当てはまらない生徒に注意を払う必要があります。標準に当てはまらない生徒には、かなり進んだ生徒、勉強に苦労している生徒、ちょっと変わった興味関心や能力をもっている生徒などが含まれます。彼らは、通常行われている平均的な授業にはスムーズに打ち込めないからです。(10)

　また、学んでいることと自分との間に関連を見いだせないと、彼らは学べないだけでなく、ほかの生徒の学びを妨げることにもなります。私の経験では、選択肢を提供することこそがインクルーシブなクラスづくりに貢献し、すべての生徒を学びに熱中させることができるもっとも強力な方法となります。(11)

　最初に私が行った自由研究の実験は、クラスでもっともできる生徒であるジャスティンに挑戦しようというものでした。そのプロジェクトを通して、ジャスティンにベストを出してほしかったのです。結果的には、熱い思いをもっている何かにすべての生徒が取り組み、「チャレンジするプロジェクト」は成功しました。

　私の思惑どおり、ジャスティンが取り組みをはじめました。年度の最終月には『指輪物語』を読んで、物語の流れを四二枚もの絵で描き出したのです。そして、トールキン（John Ronald Reuel Tolkien, 1892～1973）のスタイルとも言える自作の詩も含めて、長さ一二ページの続編まで書いてしまったのです。その詩を紹介しておきましょう。

山のてっぺんで、彼は魔法使いを倒して
最高の栄誉を勝ち取ったが
怒りのあまり、彼は炎に焼かれ
一巻の終わりとなった

ちなみに、彼は四年生でした。

---

(10)　二行前の「標準に当てはならない生徒」とともにみなさんは、「通常行われている平均的な授業」という言葉に違和感をもたれたかもしれませんが、じつは、伝統的な教師主導の一斉授業に耳を傾けることができる生徒は減り続けています。近々、絶滅危惧種になってしまうかもしれません。それほど生徒の多様化は進んでいるのです。

(11)　この点について説得力をもって示してくれている本が『ようこそ、一人ひとりをいかす教室へ』です。究極的には平均的な生徒は存在しないとも言えますから、一斉指導のあり方は見直されなければなりません。また、少人数指導にも大きな問題があります。

これは、ほんの一例にすぎません。もし、読むことで苦労している生徒がクラスにいたら、オーディオブックが聞けるコーナーをあなたは用意するかもしれません。あるいは、じっと座っていられない生徒がいたら、動きのある選択肢を提供するかもしれません。もし、人間関係で不安を感じている生徒がクラスにいたら、クラス全体に発表するのではなく、小グループで紹介しあえる選択肢を提供するかもしれません。

また、たし算の問題をサイコロを使ってつくっている生徒がいたら、二つから五つぐらいのサイコロを使うという選択肢を提供することで、難しい問題から簡単な問題まで、多様な生徒たちに対処することができるかもしれません。そして、ダウン症の生徒であればパートナー読書の恩恵を受ける可能性がありますので、クラス全員にその選択肢を提供するかもしれません。

これらの事例はすべて特定の生徒を念頭に置いて考えた選択肢ですが、すべての生徒に提供してもいいものです。特定の生徒がこのなかから選ぶものと思っていた私は、ほかの生徒がそれを選んでいるのを見て驚きました。時には、標準から外れていると思った生徒が、このような体験を通してクラスメイトとの間に新しい関係性を築くこともあり、よりインクルーシブなクラスになる機会ともなります。

同じように、特定のニーズや興味関心をもった生徒にも、あなたが提供するいかなる選択肢も選べるようにしておくことが大切です。ある生徒のことを考えてレベルの高い南北戦争に関する本を提供したとしても、ほかの生徒が選んだキャロリン・リーダー（Carolyn Reeder）の『灰色の影（Shades of Gray）』（未邦訳）が自分にとってぴったりの本と判断したら、もちろん読めるようにしておきます。

その本を選んだ生徒にとっては簡単すぎる本であっても、それを選ぶのにはそれなりの理由がありますので、その生徒の判断を信じて学びを助けなければなりません。生徒がよい選択をするためにはどのようなサポートがいいのかということについては、第6章を参照ください。

提供してはいけない選択肢

仲間に入れない／入りづらい生徒のことを考えてのことであっても、誰とパートナーを組むかとか、どの小グループに入るかという選択肢は提供すべきではありません。それがベストの方法だろうと思って、多くの教師がパートナーを生徒に選択させていますし、生徒たちもそれを喜んでいますが、親しい友だちがいない生徒にとってはこの方法は苦しみとなります。

たとえ、クラスのなかに一緒に作業ができる人がいたとしても、パートナーを選ぶということは不安なものです。以前、高校のクラスで、教師が「パートナーになるように」と言ったあとの様子を見たことがあります。生徒たちは、周りを居心地悪そうに眺めていました。最終的にはなんとかグループがつくられましたが、材料を取るために私のそばを通った二人組の一人がもう一方に向かって、「ウーッ！　パートナーを選ぶのは最悪」と漏らしていました。

いかなるルールにも例外はありますが、パートナーを選ぶことに関しては、私は生徒たちに選ばせないように強く提案したいです。その代わり、何らかの方法でいいグループをつくれるようにあなたがパートナーを指名するか、無作為のグループをつくります。そうすることで、誰とでも一緒に作業ができるようになります。

選択肢は、時間、場所、材料とマッチしていなければならない

学びのための選択肢をつくる際、学習目標と生徒について考慮する以外にもう一つ大切なことがあります。それは、「時間」と「使える材料」、そして「場所」です。つくりだす選択肢は、あなたのスケジュール、用意できる材料、そして教室のスペースによって制限されるからです。要するに、あなたが提供する選択肢は、あなたと生徒の両者にとって管理できるものでなければならないということです。

時間

私の同僚が提供した選択肢の話ですが、時間に関して、手に負えなくなったと言っていました。彼は、二〜三日で簡単なノンフィクションを書くというテーマを扱いたいと思っていました。そこで彼は、生徒たちに新聞かインターネットから時事問題の記事を持ってくるように言いました。持ってきた記事を紹介しあう方法をブレインストーミングで出し合ったところ、創造的なアイディアがたくさん出されました。

その方法とは、劇、ビデオの再現、三次元の模型、マルチメディアのプレゼンテーションなどです。生徒たちの熱意に押されて、気づいたら三日の予定が数週間のプロジェクトに変わっていました。彼と話したとき、なんとか期間を短縮することができないかと彼は悩んでいました。生徒たちが提案したようなプロジェクトをするだけの時間は、最初からなかったのです。

選択肢を考える際は、提供する選択が時間にあっているかどうかを確認してください。右記のような場合、共有しあう活動は、簡単でマンガ的なスケッチ、口頭での要約、あるいはパートナーとの話し合いなどが考えられます。

もし、生徒たちが分数のかけ算の練習を一時間でしようとするときは、提供する選択肢もその時間内で考えなければなりません。具体的には、コンピューターゲームをしたり、生徒たちが自分で問題をつくりだしたり、パートナーと問題を出し合ったりすることが考えられます。決して、展示物やボードゲームをつくったりする方法を選んではいけません。

材料と資源

用意できる教材が提供する選択にどのような影響を与えるかについて考える際には、以下の二つの質問について考えるとよいでしょう。

・あなたが提供する選択肢は、確実に、しかも簡単に用意できる教材をもとにしていますか？
・その選択肢で学びを向上するために、あなたは教材をどのように入手して管理しますか？

提供する選択肢を管理しやすいものにする一つの方法は、身近にある教材を使うことです。もし、学校中を探し回らなければ見つからないようなもの（たとえば、学校のどこかにはあるはずの紙の裁断機）を必要とする選択肢を提供しようものなら、あなた自身のやる気は削がれ、頻繁に提供することができないかもしれません。

さらに、あなたが提供したいと思っている教材は、十分にあると同時に質が高いことも大切となります。それらによって、良質の体験が可能になるからです。たとえば、用意できた粘土が少なすぎて四人の生徒しか選べないとしたら、ほかの生徒が代わりに選んだ選択肢に満足できない生徒が出て、熱心に取り組めないということになります。

したがって、あなたのためにも、生徒のためにも、身近に十分あるものを使ってください。もし、小さめのホワイトボードとマーカーがたくさん用意されている場合は、ゲームをして遊んだり、算数や言葉の練習をしたりするために使うことができます。もし、生徒たちがコンピューターを使って学習をする場合は、コンピューター室が使える時間か、ラップトップの貸し出しが可能なときにする必要があります。

以上のことを押さえたうえで、もし生徒が多様な教材を使うことができれば、選択肢を提供することによって生徒はさらに熱心に取り組むでしょうし、学びの効果も上がるはずです。

教師が「収集マニア」になることを私はすすめているわけではありませんが、ノミの市やディスカウントショップで教材に使えるものがないかと目を光らせてみるのもよいでしょう。また、保護者にも、使えるものを提供してもらえるように協力をお願いしてもよいでしょう。カジノの近くにある学校で私が教えていたときは、トランプやサイコロを寄付してもらったことで算数を教えるときに大いに役立ちました。また、ガレージセールで貝殻の標本を安く購入し、ゲームやアート・プロジェクト、そして生徒たちがつくりだすポスターなどに使いました。

関心をひき、ワクワクする教材をたくさん集めることは、生徒に提供する選択肢を大幅に広げることになりますが、それらをうまく管理することも大切です。そうでないと、カオス（混乱）が起きてしまいますから。

それらを学びの手段として生徒たちが活用する前に、その名前と使い道などを分かりやすく紹介してください。年度当初には教材をゆっくり紹介し、より複雑なものや難しいものは年度後半にとっておいてください。

教材は、生徒たちが管理できるように提供し、用意も片づけも自分たちでできるようにします。大切なものは見えないところに片づけるようにするのです。選択肢と、それに付随する教材をゆっくりと意図的に紹介できれば、選んだ選択肢を成功させる能力まで高めることができます。

場所

最後になりましたが、あなたが提供する選択肢において、成功するために必要なスペースがあることを確認してください。選択肢の一つとして、劇を演じることは歴史的な出来事について深い理解を得ることができますし、学んだことを紹介するためにもよい方法ですが、窮屈な教室でこれを行うことは不可能でしょう。もし、生徒たちが演じることを学習方法として使うのであれば、劇の代わりにインタビューやテレビのニュース放送という方法が考えられるかもしれません。

また、数日を要するプロジェクトに取り組むときは、進行中の作業を収納しておくだけのスペースが必要になります。キャビネットか棚が、その収納スペースとして使えるかもしれません。掲示板には、完成品と同じように、進行中のものを貼っておきましょう。スペースは、あなたが選択肢を考えるときの重要な要素となります。もし教室が狭ければ、そのスペースで実現可能な選択肢を提供するようにしてください。

場所の制限に対処する方法は、教室の周辺スペースをうまく活用することです。たとえば、廊下とか、近くにある空き教室や図書室などです。さらに、校舎の外も生徒たちが作業するスペースとして捉えることができます。あまりにも場所が広がりすぎて少し心配するかもしれませんが、自分が選択したプロジェクトに熱心に取り組んでおれば、場所がどこであれ生徒たちは集中して生産的になりますので、気が散ったり、騒いだりするようなことはありません。

選択肢をつくりだすプロセス[12]

選択肢を考える際に、①学習目標、②生徒たちについて知っていること、③時間、場所、そして用意できる教材が現状にマッチしていなければならないことをあなたは理解したので、今度は選択肢を実際につくりだす方法について詳しく見ていきましょう。よい選択肢を決めるためにはたくさんのことを考えなければなりませんが、幸いにも、その手順は単純かつ明快なものです。

選択肢を提供することが適切かどうかを判断する

生徒に選択肢を提供することが、学びをよりよくすることになるでしょうか？　それが生徒たちに発達の最近接領域（ＺＰＤ）[13]を見いだすために役立ち、モチベーションを引き上げることになるでしょうか？　授業や活動がすべての生徒にとって取り組みがいのあるもので適切であるなら、選択肢を提供しても効果を生むことはないでしょうし、学びをより複雑なものにするだけでマイナス効果があるかもしれません。もし、提供する選択肢が生徒の学びによりよいつながりを見いだすものであれば、よい選択肢を計画することで動きはじめることになります。

選択肢を考え出す人を決める

次のステップは、選択肢を考え出す人を決めることです。教師なのか、生徒なのか、それとも両者が協力するのか。ほとんどの場合は、効率面を考慮して教師が考えます。とくに、課題が単純で、学習にかけられる時間が短い場合はそれが一番よいでしょう。

もし、生徒たちがある特定のスキルを同時に練習し、あなたがいくつかの異なる練習方法を提示したければ、それを提供するのは当然教師であるあなたとなります。なぜなら、学習目標、生徒たちのニーズや興味関心、時間と教材などにマッチした選択肢を考えることができるのはあなたしかいませんから。そうなれば、時間のほとんどを実際の取り組みに割くことができますし、どのような選択肢を提供したらよいのかについて考える時間も必要としません。

かつて、生徒に提供する選択肢について事前に考えるだけの時間がなかったとき、「誰か、これを練習するためのよい考えはありますか？」と生徒に尋ねてしまったことが何度かあります。たくさんのアイディアが出されたのですが、残念ながら実際にやれるものはありませんでした。

生徒に選択肢について考えてもらう場合の利点は、教師の考えや創造性の限界を超える場合があるということです。二五人の頭は、一つの頭よりも確実にいいわけです。高いレベルの創造性

(12)　以下で紹介されている流れは、問題解決ないし目標達成の際に使う典型的な手順と言えます。しかしこれは、直線的に捉えるよりも、サイクルとして捉えたほうが学びや成長は飛躍的に増えることが『会議の技法』の一七一ページの図から分かります。会議や授業を含めて、学校で行われているすべての「行事」においてこの視点がもてれば、常に改善し、続けることが可能となります。

(13)　一八〜一九ページと一三六〜一四〇ページを参照してください。

を求め、費やす時間が少なくとも数日以上ある場合は、生徒を選択肢づくりに巻き込んだほうがよいでしょう。

その場合、より巧みな教師の操作能力を必要とするかもしれません。つまり教師は、「期間は三日間しかありません。考え出す選択肢には書くことを含める必要があります」という形で前提となる条件を提供したり、「ボールを投げることは、散布図グラフをつくるためのデータを集めるにはよい方法だと思いますが、それをするには時間がかかりすぎますし、いま運動場はほかの体育の授業で使われています」という形で、生徒が出したアイディアに対して判断を下したりする必要があるからです。

よい妥協案は、教師がいくつかの選択肢を提供し、生徒からもいくつかの案を出してもらえるようにすることです。たとえば、生徒たちが書き直しをするとき、①効果的な書き出し、②詳細な描写を加える、③簡潔に書く、という三つのグループから選べるように選択肢を提示します。そのあとで、「書き直しのグループで、ほかに助けとなるものはありますか？」と尋ねて、生徒たちが提案したもののなかから一つか二つを加えるのです。

たとえそれが制限された選択肢であったとしても、生徒たちには、常にアイディアが出せるように扉を開けておきます。たとえば、図工のクラスで静物画の描き方を学習しているときに、「あなたたちは、この真ん中のテーブルの上にある三つのモノのうち、どれを描いてもかまいません。

でも、もしほかに描きたいモノがある人は、個人的に相談するか提案をしてください」と言います。そうすれば、アーロン・ウォードのクラスであったように（二七一ページを参照）、生徒たちは完全に学びに打ち込むようになるため、あなたが考えもしなかったようなアイディアを出すことがあります。

選択肢を考える

誰が選択肢を考えようと、次のステップは、いくつかの選択肢を実際につくりだすことになります。学習目標、生徒たちの興味関心、強み、そしてニーズを前提として、可能性のある選択肢にはどのようなものがあるでしょうか？　ここで注意が必要です。可能性は多様にあり得ますので、日ごろの学習においては、この段階で効率面を重視しなければならないということです。

たとえば、「tion」という接尾辞を調べて話し合うために、三〇分のブレインストーミングを行って、一五種類もの方法を考え出す必要はありません。このことを念頭に置いて、以下では二つの効率的な選択肢のつくり方を紹介します。

あなたが解決したい問題を明らかにする

それは、一人ひとりの生徒をいかすことでしょうか？　もし、課題がある生徒にとっては易しすぎ、別な生徒には難しすぎると心配しているなら、選択肢を提供することで、あなたは生徒自身が能力をよりいかした学びになるためのサポートができます。そのような場合は、選択のチャレンジ度や複雑度を高めたり下げたりすることに焦点を当てて考えてください。一方、生徒のなかにテーマや課題について退屈と感じる人がいると判断するならば、彼らがもっている興味関心を活用する選択肢を考えてください。

選択肢を提供するそもそもの目的から考えることで、生徒にとってよい選択肢を提供することができます。

あなたがすでにもっているものからはじめる

あなたは、ここでの授業を以前に教えたことがありますか？　もしあるなら、新たに考え直す必要はありません。すでに教えたことを参考にして、ちょっとひねったり、修正したりすることで選択肢を提供してください。

あなたは、クラス全員が使える教科書かワークブックを持っていますか？　ひょっとしたら、それらをパッとしないと思っているかもしれませんが、出発点としては悪くないかもしれません。

生徒たちに、以下のような選択肢を提供することができるかもしれません。「教科書に書いてある文章を読むか、オンラインで探せる同じ内容の記事を読みなさい」とか「ワークブックにある三〇問すべてを解くのではなく、そのなかからいくつかを選びます」といった具合です。

長期間のプロジェクトなど、より複雑な作業の選択肢を考えるときは、アイディアを出す期間を数日延ばすことをおすすめします。ブレインストーミングで毎日アイディアを出すということを数日間続けるのです。そうすれば、それをしていないときにも考え続けることになりますので、一回のブレインストーミングでは出ないアイディアが出せるようになります。

同じように、生徒たちに選択肢のアイディアを出してもらうときも、数日間にわたって考えてもらうか、宿題として出して場所を変えて考えてもらいます。そうすることで、最初に出されたアイディアがさらによくなるだけの時間を確保するだけでなく、生徒自身にあう学びについて事前に考えてもらえるという効果も生まれます。

選択肢を絞り込む

可能性のあるリストができたら、次はそれらを絞り込んで、生徒に提供する選択肢として選び出すことになります。とはいえ、日々の実践においては、この選び出すステップは必要ないかもしれません。

たとえば、摩擦係数について学習するときの方法として二つの選択肢（ビデオを見るか、関連の資料を読む）を考えたとします。これには絞り込む余地がありませんから、次のステップの段階に入るだけです。同様に、各自がテーマを選んで研究するプロジェクトなどの場合も、選択を絞り込む段階は必要ないでしょう。

一方、たくさんの選択肢を考え出してしまい、適当な数に減らさなければならないときもあります。そのときが、まさに選択肢を選ぶ必要となるわけです。以下では、どれを残し、次回以降にどれをとっておくのかについて決める三つの方法を紹介します。

選択肢の数は少なくとどめる

たくさんの選択肢があることは、必ずしもよいことではありません。選択肢の多さに圧倒されてしまったり、説明するのに時間がかかったり、実際に作業をする時間を短くしてしまいます。

通常、選択肢を提供する活動では、二つから多くても五つがおすすめと言えます。

平均的ではない生徒のことを考える

学習することに苦労している生徒にも、少なくとも一つは熱中して取り組める選択肢があるようにします。

時間、場所、教材を踏まえる

可能性のある選択肢を、使う時間、場所、教材、および準備に費やす時間などの観点から、その妥当性を検討します。もし、適切な選択肢を確保することができたら、より複雑で時間のかかる選択肢は次回以降のためにとっておくようにします。

まとめ

あなたは、運転ができるようになったときのことを覚えていますか？　自動車を運転できるようになるために集中する必要があったり、たくさんのことを覚えたりしなければならなかったことを覚えていますか？

角を曲がるときは方向指示器を動かし、適切な場所で一時停止をし、左右から車が来ていないかと確認します。もし、ほかの車が同時に交差点に進入したときには、どちらが優先して交差点に入れるのかという規則を思い出し、（念のために）サイドミラーとバックミラーを確認し、アクセルを踏んで適切なスピードで走り出しながらハンドルを回して角を曲がり切り、車線が複数ある場合は正しい車線を選んで走行を続けます。長年の練習と訓練によって、いまのあなたは、これらのステップについて意識的に考えることはないでしょう。

明らかに、生徒たちのためによい選択肢を提供しようとしたら、たくさんのことを考える必要があります。幸いにも、車を運転するときと同じように練習をし、巧みになることで、生徒たちに選択肢を提供する場合も無意識にできるようになっていきます。以前、一緒に仕事をしたことのある同僚が次のように言っていました。

「もし、あなたが選択肢を提供するという方法を定期的に使いはじめたら、それはあなたの教え方の一部になります。そして、直観的にできるようにもなります」

よい選択肢をつくりだすことができたなら（「よい選択肢」とは、生徒に自分の最善を出すのを助け、生徒の自発的な動機づけを促進できるものです）、あなたは生徒たちが重要な選択肢に取り組むことを促すという役割を担いはじめることになります。するとあなたは、生徒たちが目の前にもっているよい選択肢を、どのように選んだらよいのかについて考えはじめることになります。

第６章

よい選択ができるように生徒をサポートする

あなたが生徒のためによい選択肢をつくったので、今度は生徒たちがそれを選ぶ番となります。しかし、「これらがあなたたちの選択肢です。好きなものを選びなさい」と言うだけでは、生徒がよい選択をすることはないでしょう。コントロールの主体が教師から生徒に移行するわけですが、あなたは依然として重要な役割を果たすことになります。何よりも、生徒たちがよい選択ができるように助けなければならないのです。

本章では、それを行うための二つの方法を紹介します。一つは、生徒たちが成功するように状況を設定することです。そして二つ目は、選択肢を選ぶ際に苦労している生徒がいた場合に必要となるサポートの仕方についてです。

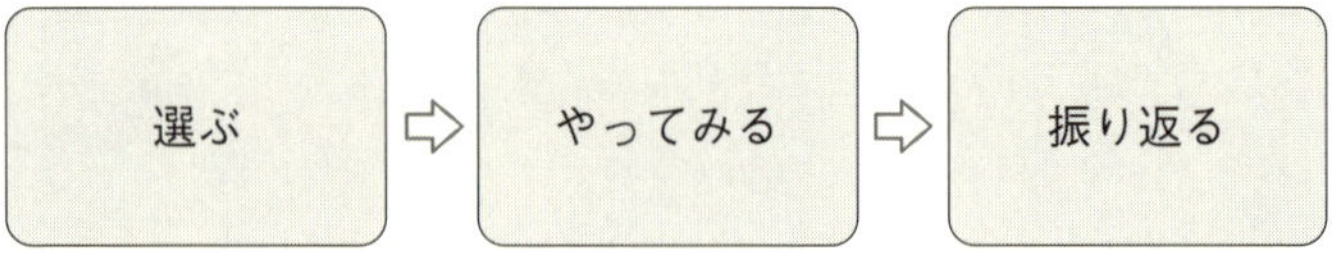

生徒が成功できる状況を提供する

高校で英語を教えているパトリック・ギャンズ先生の事例を読んで考えてみてください。

ギャンズ先生が毎年教えている「音楽のなかの文学」というコースで、生徒たちは個別に、創造的な「発現（expressional）プロジェクト」（ある年の生徒が名づけました！）をすることになっています。一人ひとりの生徒が、学習した特定の歌か音楽のジャンルからプロジェクトを選ぶというものです。「発現」に含まれものについてギャンズ先生は、テーマ、シンボリズム、特性、その他クラスで学習した文学的なことについて、いくつかの工夫があったことを説明します。そして、これから取り組むプロジェクトについて考えやすいように、先輩たちが取り組んだものを生徒に紹介します。

そのなかには、歌詞の登場人物についてのフェイスブックを作成する、学習しているジャンルのスタイルで自分の歌をつくって演奏する、歌詞で取り上げられている出来事に関する新聞記事を書く、などが含まれています。

生徒には、これまで取り組まれていないものに挑戦することが奨励されます。また生徒には、評価のルーブリックで用いられる基準についても考えることが期待されています。これらについてギャンズ先生は、プロジェクトの事例を使って、どのようなルーブリックが必要かを生徒たちに示します。

ギャンズ先生がこのプロジェクトについて説明し、生徒たちが質問したり、プロジェクトや評価の基準について話し合ったりしている様子を見ていると、生徒たちがこのプロジェクトに興奮し、真剣に向き合っていることがよく伝わってきました。最後に彼は、これらすべてについて数日考えることができると告げて、その日の授業を終えました。生徒たちが実際に選ぶのは翌週なのです。

あなたも、生徒たちがすぐに取りかかることが待ちきれないと思いますが、彼らが確実に成功する形で取り組んでもらうことが大切です。ギャンズ先生がしたように、生徒がしっかりと選択肢を理解し、取り組むことに対してワクワク感を生み出し、よい選択ができるための時間を提供してください。

分かりやすく選択肢を説明する

生徒たちがよい選択をするために、あなたにとってもっとも大切であり、最初に行うことは選択肢を上手に説明することです。選択肢を選ぶにあたって必要となるものが理解できていない生徒が、自らの学びを向上させるために適切な選択をすることはありえません。

簡単な選択肢であれば短い説明で十分です。たとえば、「クラスでの話し合いのために、あなたたちには二つの選択肢があります。自分で昨日のノートを見直すか、二人一組になって昨日の授業について話し合う時間を提供します」と言えばよいでしょう。選択肢が少ないときや、生徒たちが選択肢をよく知っている場合は口頭での説明で十分です。

しかし、選択肢が多かったり、その内容が複雑だったり、新しかったりする場合は、情報に基づいた判断ができるように、選択肢についてよりよく理解できるだけのサポートが必要となります。生徒たちを助ける方法はたくさんあります。

視覚媒体を使う

視覚的な媒体を使うことが助けになります。選択肢を対話型のホワイトボードに掲示したり、模造紙に書き出したりするのです。これらは、たくさんの選択肢のアイディアをクラスのブレインストーミングで出し合って、その記録を残しておきたいときにも有効となります。

前年度の生徒たちがつくりだした実際の作品画像を、見本として見せることも考えられます。生徒たちが判断をする間、視覚媒体が見られるようにしておいてください。

クラスで話し合う

ギャンズ先生がしたように、あなたは選択肢についての質問やアイディアを教室全体で話し合うかもしれません。生徒たちにとっては、こうすることで判断をする前に選択肢について理解を深めることになります。

実演してみせる

サイコロとトランプを使って算数の問題をつくる方法について教えようとしていたとき、私はその両方を使って、実際に問題をつくるところを実演してみせました。それによって、生徒たちはどのように作業をしたらよいかについて理解できたと同時に、練習してきた計算方法を思い出すことにもなりました。

生徒たちに選んだ選択肢に伴う活動のイメージを視覚的にもってほしいときは、実際に行ってみることが彼らの理解を助けるために有効となります。

「よい選択肢」を定義する

生徒たちが、何のために選択肢が提供され、何を学ぼうとしているのかについて知っておれば、何を選択すべきか分かりやすくなります。

・生徒は、特定の難しさのレベルになっている選択肢を選ぶべきでしょうか？
・彼らは、自分の学び方のスタイルや好みにあった選択肢を探すべきでしょうか？
・よい選択をするための助けとなる時間や教材、そしてほかに取り組んでいることとの関連など以外の要素はあるでしょうか？

次に紹介するのは、生徒がよい選択をするために教師が努力をしている三つの事例です。

・「今日、私たちは説得力のある文章の下書きを書きはじめます。これまで話し合ってきたように、説得力のある文章には思い入れと内容があります。先週は、ブレインストーミングで可能性のあるテーマについてたくさん出し合い、それらのなかからテーマを選んで実際に書く練習もしました。今日は、出版するために、目指すテーマを選んで書きはじめることにします。その際、次の二つのことをよく考えてください。一つは、あなた方が選ぶテーマには大きなこだわりがあるということです。こだわりがあることで、あなた方は情熱とエネルギーをもって書くことができます。もう一つは、そのテーマについて、たくさん話すことができるだけのアイディアをもっているかどうかです。たくさんのアイディアがあれば、内容のある文章を書くことが楽になります」

・「明日、ゲスト・スピーカーが来ます。その準備として、尋ねてみたい質問リストをこれからつくります。質問の内容は、土木工学のテーマに直接関係することか、純粋な好奇心から発せられるものとします。あなたには、一人で質問を考えるか、それとも小グループになって相談するかという選択肢が提供されます。よい質問をするために、どちらの選択肢のほうがよいですか？」

・「自分に『ぴったりの本』を選ぶとき、三つの基準があることを覚えておいてください。一つ目は、あなたが読みたい本、ないし楽しめる本を見つけることです。二つ目は、書いてあることのほとんどが読めることです。三つ目は、大きく中断することなくスラスラと読めることです。今日、本を見つけるときは、この三つの基準を思い出してください。図書コーナーにこれらの基準が貼り出されていますので、本を探すときはそれを参考にしてください」

選択することではなく考え方を導く

　提供されている選択肢について生徒が理解したら、今度は生徒がよい判断ができるように選択肢について考えることを助けます。ここで教師は、生徒の振り返りとメタ認知のスキル[1]を身につけるためのサポートができます。あなたの役割は生徒の考えを導くことです。決して、生徒の選択をコントロールすることではない、ということを肝に銘じておいてください。

　しかし、ある選択肢が特定の生徒を念頭に置いて考え出されたものであれば、それを実行することが難しくなります。というのも、生徒の判断を変えたり、影響を与えたりしたくなるからです。また、私たちが特定の選択肢に誘導すると、生徒は自分の学びをコントロールしているという意識が弱まり、信頼関係も失うことになります。彼らは、「分かった。正しい選択と間違った選択があるんだ。教師がよいと思うものを見つけることが、僕に求められていることなんだ」と考えることでしょう。

　選択肢から選ぶ場合、生徒の判断を助けるために考え方を導いてください。選択を誘導することとの違いはわずかなものですが、大切な違いと言えます。選択肢に関して教師の判断を伴わない形で説明し、生徒自身が選択をしていることを強める言葉を使ってください（**表6-1**を参照）。生徒たちが考えるための提案はできますが、何をすべきかを言ってはなりません。

表６－１　生徒の考えを導くための方法

目標	……の代わりに	……を試してみてください
・判断ではなく、説明をする	・「この選択肢は簡単で、こちらは難しいです」 ・「もし、あなたが本当のチャレンジを望むなら、この選択がおすすめです」 ・「もし、動物に興味があるなら、これが最善の選択肢だと思います」	・「Ａの選択肢は２桁の数字ですが、Ｂの選択肢には３桁や４桁の数字が含まれています」 ・「あなたにぴったりのチャレンジレベルを考えてください」 ・「この選択肢には動物が含まれています」
・提案するような言葉遣いを使う	・「あなたが作業中に動きたいなら、この選択肢を選ぶべきです」 ・「もし、同音異義語を学習したいなら、この選択肢がよいでしょう」 ・「ミーガン、あなたはＸを選ぶべきです」	・「作業をしている間に動きたいなら、動くことのできる選択肢を考えるのがよいでしょう」 ・「もし、同音異義語について学ぶ必要があるならば、これがあなたにはあっているかもしれません」 ・「ミーガン、あなたにぴったりの選択肢はどれだと思いますか？」
・メタ認知を促す言葉遣いをする	・「よい選択をしてください」	・「自分を数学者だと思ってください。このなかで、どれが一番学べると思いますか？」

元気づける言葉を使う

（一七一～一七三ページで五年生に最小公倍数と最大公約数の練習をさせていた）アーロン・ウォード先生が生徒たちに「よい選択をするように」と言っていたとき、選択の責任を負っているのが誰なのかが明確になる言葉遣いをしていました。

「自分のことを知っているのは、私ではなくあなた自身です。自分の学びの助けになる選択をしてください」

生徒たちに、自らが選択したことに責任をもたせて、やる気を引き出すとき、自分自身と自らの選択する力は信頼できるものだと伝えてください。その言葉は、彼らにどのように受け止められ、自らの学びに責任をもつことをどれだけ助けるでしょうか。生徒たちは、「あなたが自分の学びに対して責任をもっているのですから、あなたにぴったりの選択をしてください」や「いまのあなたにとって、一番必要な選択肢を探してくださいね」と言われたとき、彼らはよりよい選択をすることができ、熱心に取り組むようになるのです。

生徒に考える時間と方法を提供する

一般的な原則として、選択するときに費やす時間は、実際に取り組むための時間と比例します。もし、生徒が六週間の研究テーマを選ぶときは、取り組みがいのあるテーマを見つけるために数日間を費やすべきです。それに対して、三〇分間の算数ゲームをするための選択肢であれば一分ほどで十分でしょう。比較的簡単で、短時間で取り組む学習にかかわる選択肢の方法としては次のようなものがあります。

静かに考える――「あなたたちには、これから静かに考えるために六〇秒が提供されます。自分にとってどれが一番ぴったりの選択肢か判断してください」

二人一組で話し合う――「隣に座っている人と話し合ってください。どれを選ぼうかと考えていることをお互いに紹介しあってください。また、なぜその選択肢を選んだのかについても説明してください」

---

(1)　メタ認知は、自分が考えていることを客観的に捉えてみることです。自分自身の考えや判断や思いなどを、もう一人の自分が観察している状態と言えるでしょう。四八ページの**訳者コラム**も参照してください。

ジャーナルに書く――「さて、今日これから書く三つのテーマについて聞いたので、自分にとって一番よいと思うテーマを書き出してもらいます。ジャーナルに、どのテーマを選ぶ可能性が一番高く、それはなぜかを書いてください」

クラス全体での話し合いを短く行う――「あなたたちに提供されている四つの選択肢について紹介しましたので、それらについて話し合ってみましょう。どんな理由でどの選択肢を選ぼうとしているのか聞かせてください」

オープンエンドの選択肢や、ブッククラブや研究プロジェクトなどのように長い時間を要する複雑な選択肢であれば、より複雑な情報について考える方法が助けとなります。

選択肢を減らす

生徒たちが可能性を絞り込むことを助けます。もし、一〇個の選択肢が提供されていたならば、まずは三つか五つを選び出すことからはじめます。選択肢を減らすことによって圧倒されないようになります。一〇個も選択肢があるときは、そのうちのいくつかはよい選択肢ではない場合が多いものです。選択肢のリストを生徒に提供して、よい選択肢ではないと思うものに横線を引いて省かせます。その後、残ったものから選んでもらいます。

良い点と悪い点

複雑な選択肢が扱いやすい数に落ち着いたら、生徒はそれぞれの選択肢にTチャートを使って（Tの字の横棒の上に選択肢の名前を書く）、縦棒の左側に良い点、右側に悪い点を書き出し、比較するように促します。もし、良い点と悪い点のリストが圧倒されるほどの量になる場合は、用紙に書かれた良い点と悪い点の一つか二つ、もしくはもっとも重要なものをハイライトして判断材料として使います。

分類で考える

もし、選択肢がリーディング・ワークショップで、自分にあった本を探したり、一つのテーマのなかで特定の題材を選んだりするようなオープンエンドのものである場合は、生徒たちに分類を使って考えてもらいます。

「あなたが学びたいのは、人について、場所について、あるいは出来事についてのどれですか？」

「あなたは、どのジャンルの本を読みたいですか？　歴史的なフィクション、ファンタジー、その他？」

優先順位

複雑な選択肢には多様な要素が伴います。それらは、同じレベルで考えられるものでないことが多いものです。そのようなときによい選択をする方法は、優先順位をつけることです。たとえば、学校のバンドでどの楽器を演奏するか選ぶ際に、その理由を考慮しなければならないときなどです。つまり、トランペットを吹く方法をすでに知っていますとか、いつも打楽器に挑戦したいと思っていました、また一人の生徒の姉がサクソフォンを演奏していました、などです。

生徒にすべての理由をリストアップさせたうえで、一番重要なものを一番上に、重要でないものを一番下に移動させます。そうすれば、そのリストが選択をする際の助けとなります。

管理のしすぎは避ける

多くの教師は、提供した選択肢に関して、記録を取ることの重要性について疑問を感じています。生徒は、選んだ選択肢を示すために署名をする必要があるでしょうか？　教師は、提供した選択肢に関して記録をつける必要があるでしょうか？

私の経験では、誰がどんな選択をしたかの記録を取る必要はないと言えます。とくに小学校低学年の場合は、生徒たちにも分かりやすいようにと、署名シートに書かせたり、記録を残すためにほかの複雑なシステムをつくったりしがちです。これらは生徒たちの学習時間を奪い取ることになりますので、簡単な日々の活動の場合は必要としません。

記録が必要となるのは、真の目的に役立つときです。たとえば、生徒が多様な記事を読んでいるときに生徒同士で話し合ってほしい場合は、読んでいるものに付箋などを使って示してもらうことで新しいグループがつくりやすくなります。

あるいは、選択肢が複雑な基準を伴うものであり、最終的に生徒たちが判断できるようにあなたがコーチングをしたり助けたりしているときは、生徒がどの選択肢を選ぼうとしているのかについて分かっておれば生徒の思考を理解することができ、より円滑にコミュニケーションを図ることができます。

管理をしすぎることで現れるもう一つの問題は、同じ人数の生徒でグループを構成しようと教師が考えたときです（クラスに二五人の生徒がおり、選択肢は五つです。必然的に五人ずつのグループになります）。もちろん、きちんとグループ分けができれば問題はないのですが、形態を大事にしたいがあまり、何人かの生徒は望むものが選べないという事態を招くことになります。きれいなグループ分けよりも、二五人が一つの選択肢を選んでもよいと考えてください。

よい選択が確実にできるように、注意深く準備することが重要です。短期的なあなたのねらいは、生徒がより生産的な活動をして、より効果的に学ぶことです。そして、より重要なことは、長きにわたって生徒たちが思慮深い意思決定者になれるように教えることです。生徒の振り返りとメタ認知能力を高めることで、あなたは彼らがより自立した学習者になることを助けているのです。

困ったときに生徒をサポートする

レイチェルが、南北戦争について探究するためのテーマが書かれているリストを持ってやって来ました。それには、ファッションと服、馬、軍隊ラッパの音が含まれていましたが、これらすべては、単元の鍵となる質問をよりよく理解する助けとはなりません。

ティミーは、もう一〇分以上にわたって自分の詩のリストをじっと見つめており、涙が込み上げてきています。「僕は、どれに取り組んだらいいか分からないんだ」と苛立って泣きはじめています。「何をしたらいいか教えて」

あなたはマリアを見ています。いつも彼女はもっとも簡単な算数の問題を選択するのですが、どういうわけか今回は、かなり複雑な問題解決を必要とする問題を選んで自分の席に戻っていきました。

あなたの最善の努力にもかかわらず中高生たちは、自分にとって何がベストかよりも、誰と一緒に取り組むかということに固執し続けています。昼食に行こうとしているとき、どの本を次のブッククラブ用にリクエストするかと相談していました。彼らは、一緒にいたいのです。

生徒たちがよい選択をして、成功できるように教師が最善の準備をしたとしても、生徒のなかには苦労する人がいます。どんなにうまくインクルーシブで意図的な選択肢をあなたがつくっても、またどんなにうまく選択肢を説明したとしても、そして生徒たちによい選択ができるように時間とガイダンスを提供したとしても、生徒のなかには追加のサポートを必要とする人がいるものです。よい選択ができなくて困っている生徒を助けるためのアイディアを考えることにしましょう。

最初は、個別に生徒をサポートするコーチングについて、その次にはクラス全体が困っている場合について解説をしていきます。

個別のコーチング

生徒がよい選択をしようとするとき、どのような苦労をするのでしょうか。その理由としていくつか考えられます。そのときは、一対一のコーチングが効果的です。授業中にするカンファランス(2)と同じです。要するに、問題の原因を突き止め、生徒がそこから抜け出せるようにサポートすることですが、コーチングも個々の生徒が抱える課題に応じて行われます。一人ひとりの課題は少しずつ異なりますが、共通の課題もよく見られます。

「何を選んでよいか分かりません」

これは、たくさん選択する体験をもっていない生徒たちに共通する課題です。生徒たちは常に、何をどのようにしたらいいかと言われ続けたら、自由と自立に対して恐ろしく感じるようになります。大人に依存しすぎている生徒にとっては、不安を感じることなく選択ができ、自信がもてるようになるために経験と練習が必要です。彼らは失敗するのではないかと心配しているわけですから、選択をすることに悩んでいるときには以下のような励ましが必要となります。

「自信をもって！　自分が必要なことを考えて、それを選ぶのです」

「自分にとってよいと思うものを試すのです。もしダメだったら、気にせずに別のものを試せばよいのです」

また、あなたは、選択肢を絞り込むことを助けることもできます。「五つの選択肢のなかで、どれか二つに絞るとしたらどれにしますか?」と言ったり、そうした生徒たちにより多くの考える時間を提供したりすることも効果的な方法となります。「これを試してみたら」と言って、慌てて助けないことが大切です。生徒たちは、経験と練習を繰り返すことで自信をつけていくのです。

「ほかの選択肢は気に入りません」

時に、生徒たちは提供された選択肢に対して尻込みをするものです。それらが嫌いなのか、うまくできないことを心配してか、さらには、ついていない日で調子が悪いだけかもしれません。このような状況では、どんな選択肢を提供してもよい選択ができません。

もし、これが本当に興味のなさからきているなら、生徒に学習目標と自分にうまくフィットする代替案を出してもらうように言ってもよいでしょう。しかし、生徒がありとあらゆる選択肢に抵抗しているだけなら、彼らが前進できるように助ける必要があります。

（2）　一五三〜一五五ページおよび第7章を参照にしてください。

先の例のように選択肢を絞るのですが、より指示的に行う必要があるかもしれません。「これら二つから選んでみてください」とか、場合によっては、あなたが代わりに選択をしてあげることもいいでしょう。ただ、それには、生徒が選択をする場面がほかにもたくさんあるということが前提になります。(3)

「これには成績がつけられますか？」あるいは「これはテストに出ますか？」

これらの質問は、中学校や高校で頻繁に聞かれるものです。これらを聞くだけで失望してしまうのですが、生徒たちは学校というゲームをしているだけだ、ということを思い出す必要があります。彼らも学習をしたくてしているわけではなく、そうするように教えられたからしているだけなのです。なんと言っても、学校が彼らをテストと成績で縛りつけているのですから。そのような状況を真の学習目標に転換することは、一晩で実現できるものではありません。

まずは、質問に対して単刀直入に答えてください。「いいえ、この課題は成績をつけません」とか「これは、金曜日に行う総括的評価の一部になります」と答えます。そのうえで、生徒たちがよい選択をできるように、彼らの思考をテストや成績ではなく学習目標に戻すのです。

「では、学習目標について考えてください。あなたたちの目標は、これら三つの動詞の活用を練習し、常日頃書く文章でそれらを使ってみることです。これら三つの選択肢のなかで、どれがそれを実現してくれると思いますか？」

テストや成績に対して、それ自体が目的ではなく、学んだことの結果を反映するものとして捉えられるようになると、生徒たちは個人の学習ニーズに基づいて選択ができるようになります。

「自分は何を選ぶか分かっています」（でも、それがよいとは思っていません）

生徒たちが悪い選択をするときもあります。彼らは、難しすぎたり簡単すぎたりするものを選ぶのです。また、自分が面白いとは思えないものを選ぶこともあります。つまり、彼らは間違うわけです。しかし、それもよいことです。なぜなら、生徒が間違わないということは学んでいないということですから。

新しい言葉なのに発音の間違いをすることなく学んでしまったり、転ぶことなく自転車に乗れたりしてしまうことをイメージしてください。こんなときには何をするべきでしょうか？　もちろん、そのときの状況次第となります。

もし、課題が短期のもので、悪い選択をしても長期的な影響が出ないようなら、何もしないこ

（3）　カンファランスないしコーチングの際、六つの異なる教師のかかわり方が紹介されている『増補版・作家の時間』の六七ページが役立ちますので参照してください。

とが最善となります。生徒には選んだ選択肢に取り組んでもらい、体験から学んでもらうのです。読めない本や簡単すぎる数学の問題を選んで机に座ると、彼らはすぐに間違ったことに気づき、改めて別のものを選択するはずです。

あるいは、あなたよりも彼らは自分のことをよく知っていて、よい選択をしていたということもあります。もし、生徒が病気の親か兄弟（姉妹）の世話をするためにほとんど寝ずに前夜を過ごしていたとしたら、易しいと思える内容をわざと選んで、その日はやり過ごすという選択をするかもしれません。しかし、これは大切なことなのです。

課題が長くて複雑な場合は、悪い選択が学びにとって大きなマイナスとなる場合があります。三週間にわたって行われるブッククラブの選書で難しい本を選んだ生徒は、読む練習ができないだけでなく、同じグループのほかのメンバーに迷惑をかけてしまうことになります。また、研究テーマに対して好ましくない本を選んでしまうと、数週間のフラストレーションとともに、極めて低いレベルの学びになってしまう可能性が高くなってしまいます。

私が教える五年生の一人が、社会科のテーマの一つであるアメリカ史における戦争について学ぶとき、朝鮮戦争を選ぼうとしました。彼女のおじいさんがその戦争で実際に戦っていたのです（何かについて学びたいと思う、とてもよい理由です！）。しかし、これはまだインターネットが一般的になる前のことで、資料のほとんどを紙媒体に頼る必要がありました。

ある程度の時間が経過し、もうほかのテーマに切り替えることが難しくなってきたとき、朝鮮戦争について一人で読めるものを探すことが極めて困難であることがようやく彼女にも分かりました。結果的に私は、彼女と一緒に百科事典などを読まざるを得なくなったのです。しかし、そこから彼女が学べるものはやはり少なかったです。これ以外にも、ほかの生徒たちのサポートができないという状況を生んでしまいました。

このようなケースは、教師の拒否権を発動するよいタイミングだと思います。しかし、それは、マイナスの影響が大きすぎるときにのみ使われるべきです。そのようなとき、特定の選択をすることはできないことを生徒に説明し、よりよい代替案を見つけるために助ける必要があります。

クラス全体に教える

先に説明したのは一人の生徒が選択する際に苦労していた場合ですが、クラス全体、あるいは少なくとも小グループのメンバー全員が困っている場合はどのように対処したらよいのでしょうか？

このようなケースも起こり得るということを予測しておくべきです。そして、一人の生徒のときと同じように、こうした問題は自然に起こるものですから、プラスに捉えることが大切となります。つまり、クラス全体、ないし小グループのメンバーを、より自立的な学び手にするためのスキルを身につけるチャンスと捉えるのです。

前項で紹介した課題とそれらへの対応策の多くは、クラス全体の場面にも応用することができますが、具体的にクラス全体に当てはめるのかについて、一つの例を挙げて試してみましょう。扱う例として、個々人のニーズや好みよりも、誰がどの役割を担ったらよいのかに焦点を当てている中高生たちのグループについて、どのようにサポートをしたらよいのかについて考えてみます。

ウォラス先生は、サークルになった生徒たちが三人ずつのグループになるために1、2、3、1、2、3……と数えたのですが、なかには仲のいい友だちと一緒になりたくて場所を移動している生徒を見ました。そして、パートナーと一緒になる指示を彼女が出した途端、生徒たちがうなずきあい、したり顔をしていることを彼女は確認しました。

ウォラス先生は、ブッククラブで読む小説を生徒たちに選んでもらいたいと思っていました。その本は南北戦争を背景にしたものです。生徒たちは、歴史的な出来事を探究するだけでなく、著者が実際に起きた出来事をフィクションとして著した歴史小説の主な要素についても検討します。

ウォラス先生は、生徒たちが効果的な意思決定のスキルを身につけることについてもサポートしたいと思っています。とくに、グループになるときの基準として、仲のいい友だちから選ぶことについては卒業してほしいと思っていました。そして彼女は、目的を明確にするため、生徒たちに説明することからはじめました。

「あなた方はブッククラブで話し合うために、これから本を選びます。そのような決断をするときには複雑な要素が絡み合います。つまり、一冊の本を選ぶときにはたくさんの理由がありえ得るからです。これから協力して、本を選ぶ際の効果的な方法について考えたいと思います」

そう言ったあとに、彼女はクラスでブレインストーミングを行いました。

「あなた方は、このあと実際に本を手にします。しかしその前に、あの本ではなくこの本がよい理由について考えてみてください。どんなアイディアが浮かびますか？」

生徒たちは、面白い多様なリストをつくりあげました。本のテーマや内容、主人公の性別、カバーが魅力的か、どれくらい難しそうか、本の長さ、誰かがすでに読んだことがあるどうかなど、これらがそのリストの一部です。

本を選ぶときの基準に関する質問が生徒から出されました。一人の生徒が、「友だちと同じ本を選んでもよいのですか？」と質問しました。ウォラス先生は、自分の選んだトップ２の選択肢を紙片に書き出して、それをもとにして教師がグループをつくることを説明しました。その結果、その生徒は友だちと同じグループになる可能性はありますが、確実ではありません。

別の生徒が、「本は学校で読むのか、それとも家で読むのか？」と尋ねました。教師は、「ほとんどは学校の授業中に読みますが、多少は家でも読まなければならないかもしれません。その理由は、授業で行うブッククラブにおいては、同じ章について話し合う準備ができている必要があるからです」と答えました。

本を選ぶ理由についてはすでに生徒たちがリストを持っていますので、ウォラス先生はどのように優先順位をつけたらよいのかについて指導しました。

「あなたたちが出した本を選ぶ際のリストを見てください。これだけたくさんの理由があると、決断を下すのが難しくなります。そういうときに使える方法の一つが、優先順位をつけるというものです。これから、本を選ぶ際にあなたが大事にしたい四つの理由を選んでください。このリストを見たとき、あなたにとって大切なものは何ですか？」

生徒たちは、用紙に四つの理由を書き出しました。

「今度は、それに数字を書き込んでください。１がもっとも大事な理由で、４が四番目に大事な理由です。本当に、自分にとって大切なものは何かについて考えてください」

「誰かほかの人が読んでいる」が四つのリストに含まれているケースが散見できましたが、ウォラス先生はそれがもっとも大事な理由でないことを見て安心しました。

生徒たちは、実際に四冊の本のなかから自分が選ぶ二冊を決める用意ができました。そして、それぞれの本に数分の時間を費やして、本の表紙と裏表紙を見たあと本のページもめくり、個別の本について覚えられるようにメモ書きもしました。生徒たちが四冊の本を見たあと、ウォラス先生は本を選ばせる最後のステップに入りました。

「これから、自分の本を選びます。あなたが選んだ本を読む際の四つの理由を見直してください。そのなかでも、とくに１と２に選んだ理由を考えてください。そのうえで、四冊の本を思い浮かべて、自分が書き出したメモを読み直し、このカードにあなたが選ぶ二冊のタイトルを書いてください。それを回収して、私がグループをつくります。そして、明日からブッククラブをスタートさせます」

少しの時間しか考えられないときに比べて、事前に考えて、計画できるだけの十分な機会が提供されれば、生徒たちは客観的かつ冷静に選ぶことができるのです。

まとめ

　学校で生徒たちに選択肢を提供することを考えたとき、生徒がよい選択をできるようにサポートすることがもっとも大切なことなのですが、意外にも忘れられている場合が多い要素だと思います。頻繁に選択肢が提供されるのに、どのように選んだらよいのかについてのサポートや指導を生徒は受けていません。(4)

　こういう状態で生徒が困っていても、驚くことはありません。幸いなことに、どのように選ぶことができるかについて教えることによって得られるメリットが計り知れないからです。

　短期的には、彼らは自分にあった選択肢を選ぶことができます。それによって、より意味があり、熱中して、より高いレベルで学習内容が学べるようになりますし、スキルを練習することができます。また、長期的に見れば、生徒たちは生涯にわたって使い続けられる振り返りと意思決定のスキルを身につけることになります。(5)

---

(4)　日本の学校では、両方が欠落しているかもしれません。

(5)　この点に関してもっとも参考になる本は、『増補版「考える力」はこうしてつける』です。「ＰＬＣ便り」の二〇一八年一二月二三日号と「ＷＷ便り」の二〇一九年一月四日号も検索して、ご覧ください。

第７章

生徒が選んだ活動を円滑に進める
――すてきな学びをリードする

いったん素晴らしい選択肢をつくり、生徒たちがそれから選んだとしたら、教師としての役割が少なくなったとあなたは思ってしまうことでしょう。新任教師のとき、私は「壇上の賢人」と「寄り添う案内人」の違いについて聞いたことをいまでも覚えています。長年にわたって講義中心の授業に苦しんでいたので、絶対に前者になることだけは避けたいと思いましたし、すぐに「後者になる」と心に決めました。

私は、生徒を中心とした授業の考え方に共感しています。教師の役割は、生徒がワクワクする経験を準備することで、その後、生徒たちが自分で探究して学ぶという形態です。よって私は、自分の机でコーヒーを飲みながら新聞を読んだり、作文の成績をつけたりして、生徒たちが各自の机で作業をするような教師にはなりたくありませんでした。しかし、その時点では、クラス全員が生徒中心の授業において熱心に取り組んでいるなかで教師がどれだけ行動的で、重要な役割を担うのかについては分かっていませんでした。

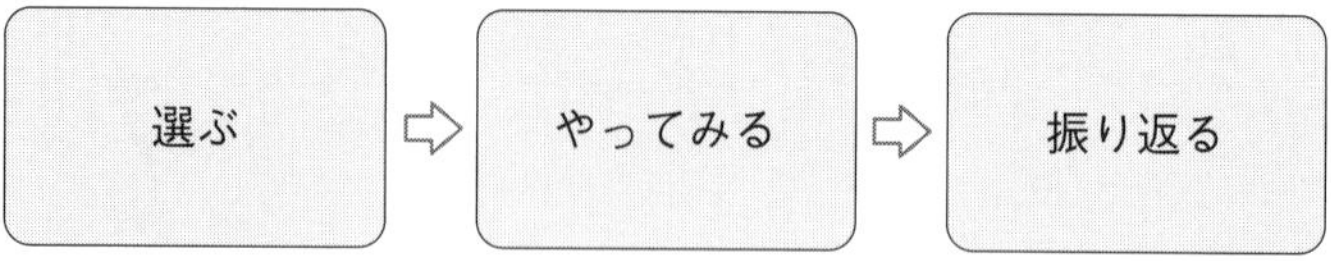

「寄り添う案内人」という言葉は、あまり活動的なものではありません。生徒中心の授業を進めるのに「傍ら」などといった言葉はありません。「寄り添う案内人」よりも適切な言葉を挙げると「真ん中にいるコーチ」[1]となります。

　生徒たちが作業に取り組みはじめ、彼らの取り組みが多様で、みんながＺＰＤ（発達の最近接領域）にあるときは、教師の存在がこれまでになく重要となります。ダイナミックな学習環境を円滑に維持しなければなりませんし、多様な取り組みをしている生徒一人ひとりをいかすためのサポートを提供しなければなりません。また、一人ひとりの進捗状況を把握していなければなりませんし、起こる問題（いや応なく起こってしまうのです！）を解決しなければなりません。

　本章では、これらの多様な役割と、選択を実際に「やってみる」段階において効果的に進める方法を紹介していきます。

コーチとしての教師

生徒たちに選択肢が提供され、「やってみる」段階に取り組んでいるときにあなたが果たすべきもっとも重要なことは、コーチとしての役割です。あなたは、生徒たちがもっとも成長するために役立つ、個別ないし小グループを対象にした「観察」と「指導」を提供します。

ＺＰＤ（一八～一九ページおよび一三六～一四〇ページ参照）を覚えていますか？　その領域は生徒が一番伸びるところであると同時に、一生懸命に取り組み、成功するためのサポートも得られる領域ですので、最大の成長が起こるところとなります。もし、生徒がこの領域にあるのなら、彼らはあなたの助けを必要としているということです！

多くの教師が、生徒たちにはたくさんの指導（と再指導）が必要なので、彼らを個別にコーチングするだけの時間はないと私に言います。

「みんなが同じときに同じことをしている場合でさえ、課題を抱えた生徒を助けるのは大変です。おとなしく席に座って勉強をさせたり、クラスメイトの邪魔をしている生徒をやめさせたりすることに多くの時間を費やさなければならないからです。それに輪をかけて、生徒たちがしていることが多様な場合、どうすれば効果的にコーチ役が務まるというのですか？」

(1)　これは、ナンシー・アトウェルが『イン・ザ・ミドル』で、ライティング・ワークショップとリーディング・ワークショップの実践を通して感じたことと同じかもしれません。それは、本のタイトルが示しています。

これは、もっともな悩みですが、選択肢を提供することについて覚えておくべき大事なことがあります（それは、この教師の懸念を大幅に和らげることになるでしょう！）。提供された選択肢に生徒たちが熱中して取り組んでいると、彼らは楽しくて、面白くて、適度にチャレンジがあるものと捉えるため、さらに集中するということです。

そうなると、彼らが教室内をウロウロと歩き回ったり、窓の外をぼんやりと見つめたり、近くの誰かにちょっかいを出したりといった行為はほとんど見られなくなります。なぜなら、彼らは自分が取り組んでいる学習に価値を見いだしているからです。この事実が、あなたを生徒指導面の役割から解放することになりますし、学業面でのコーチの役割により多くの時間を費やすことを可能にします。

このことを念頭に置いて、生徒たちをうまくコーチするために教師がどのようなスキルを使ったり、どのような方法を使ったりしたらよいのかについて考えていきましょう。

熟練の観察者になる

ヘイドゥンはすでに五分も自分の椅子に座っていますが、まだ何も書きはじめていません。教師は、ヘイドゥンの顔色が変わりはじめ、彼の拳がしっかり握られていることに気づきました。両方とも、彼のフラストレーションが高まっているサインです。

ヘイドゥンの脇に行った教師が、「調子はどう、ヘイドゥン」と思い切って尋ねました。

鋭い観察のスキルなしによいコーチになることは不可能です。観察は、選択をするときや学習を進行するときにとても重要です。生徒たちが多様な取り組みに熱中しているとき、生徒たちの調子について、チラッと見るだけで把握することは難しいものです。より多くの注目を生徒たちに注ぐ必要があります。

これは、学習中に彼らをよく観察することを意味します。そのうえで、彼らが熱心に取り組んでいるか、ワクワクしているか、退屈しているか、イライラしているかについて、顔の表情から判断できるように努力します。そうすれば生徒たちのことをよく知ることになり、より適切なサポートを提供することが可能となります。

適切なサポートを提供する

グレチェンは算数のワークシートに取り組んでおり、確実にできることも確認しています。次から次へと問題に目を通し、ほとんど考えるまでもないようです。彼女の隣には、苦労しているのがよく分かるキャラディンが座っています。彼女は、書くよりも消す作業を多くやっており、取り乱しているようにも見えます。さらに近くには、自分のしている問題に夢中になっているジェイクがいます。三人の生徒には、異なる種類のサポートが必要なようです。

まず、グレチャンにはひと押しが必要なようです。

「グレチャン、これらはあまりにも簡単にできているので、ほとんどチャレンジになっていないようね。あなたにとってより面白いいくつかの問題を提供するから、試してみてね」

一方、キャラディンにはサポートが必要です。

「キャラディン、イライラしているようね。どうしたら助けてあげられる?」

そしてジェイクですが、逆に放っておく必要があります。彼が適切なレベルの学習に熱中して取り組んでいるなら、それを邪魔したくないからです。

もちろん、コーチとしてサポートするには多様な方法があります。なかでも、ＺＰＤにいる生徒をサポートするにあたって、私がとくに大切だと思っている四つの方法について紹介します。

オープンエンドの質問をする

「あなたの取り組みはどんな具合ですか?」「自慢できることは何ですか?　改善したいと思っ

ていることは何ですか?」「自分が取り組んでいることに関して何か質問したいことはありますか?」

これらの「はい」か「いいえ」で答えられないオープンエンドの質問は、生徒に自分の学習について深く考えると同時に、振り返りとメタ認知のスキルを身につけるために役立ちます。これらの質問はまた、コーチングをしはじめた最初の段階でするものとしても適しています。会話をしやすくするだけでなく、何に焦点を絞って話せばよいのかが明らかになるからです。

励ます

取り組んでいることに対して、具体的で肯定的なフィードバックを提供することは、生徒の強みを認め、チャレンジをしながら取り組みを後押しすることになるので効果的です。褒めることと違って励ましは、承認することではなくてフィードバックを提供することなのです。

「ジョン、この登場人物の人格をつくりあげようと取り組んできたようね。とてもうまくいっているね。物語を通して成長し、変わっているよ」

「エリザ、あなたがこのパワーポイントのプレゼンテーションで使った色は、内容を際立たせるためにとても効果的でした。目立たせるために役立っていたし、あなたが言おうとしていたことを邪魔してもいなかったわ」

生徒のオウナーシップを強化する

コーチングをするときは、生徒が自分自身で肉体も感情もコントロールしながら、取り組んでいるという感覚がもてるようにしてください。できるだけ生徒たちが紙や鉛筆を持っている状態にして、彼らが修正したり、メモを書いたりするようにすすめるのです。

カンファランスをしているときは、作品が彼らの目の前にあるようにします。そして、作品に対して、彼らのオウナーシップを意識した言葉を使うようにもします。「あなたの作品に対して、何かサポートできることはありますか？」

より多くの「あなた」を、「私」以上に使うようにしてください。「私はあなたが……すべきだと思います」と言う代わりに、「あなたは……を考えたらよいかもしれません」と言うのです。

適度な量のサポートを提供する

プロジェクトに取り組んでいる生徒とカンファランスをはじめると、すぐにあなたは七つか八つの改善点を見つけるかもしれません。それに基づいてたくさんの提案をしてしまうと、すべてを覚えられない生徒は落胆し、やる気を削ぐことになるかもしれません。(2)

普通、生徒は一つか二つの提案しか受け入れられません。次の準備ができてから、別の改善点を一つか二つ提供すればよいのです。

選択肢を変更できるのはいつまでかを考える

理科のワークタイム(3)がはじまって一五分が経ったころ、ジャマールが失望した様子であなたのところにやって来ました。

「僕はこの実験を選びましたが、思ったほど面白くなかったです。ほかのものに替えてもいいですか？」

あなたは、別の実験を最後までするだけの時間がないことを心配しています。一方、彼がいま取り組んでいることが面白くないものということも分かっています。そのまま続けていても、どれだけ学ぶことがあるでしょうか？　あなたはどうしたらよいですか？　あなたは、彼に実験の変更をさせますか？

---

(2)　これと同じことが作文などの添削において常に行われています。よかれと思ってたくさん指摘することが、結果的にマイナスの効果しか生み出さないのです。

(3)　一五四ページで紹介したように、ワークタイムはミニ・レッスンが終わったあとに、生徒たちが「ひたすら科学をする時間」（国語の場合は、「ひたすら読んだり、書いたりする時間」、算数・数学では「問題を解く時間」、社会科では「市民になったり、歴史をする時間」）のことです。

選択肢を替えてもよいかどうかについて、簡単な正解はありません。答えは、何に取り組んでいるのか、どのようなニーズを生徒が抱えているのかなど、状況によって変わります。状況を把握する手はじめとして、生徒に替えたい理由を尋ねてみるということが考えられます。あなたが想像もしなかったような、素晴らしい理由を言ってくれるかもしれませんし、困難を抱えていて、コーチングの必要性があったことを理解させてくれるかもしれません。

時には、生徒が自分の考えを変えてもよいのです。マークは一つの句読点のつけ方を一〇分ほど練習していましたが、彼はそれをすでに身につけており、別な課題に取り組みたいと思っていました。替えさせない理由があるでしょうか？

一方、ブッククラブで読む本を決めたジョージーが途中で本を替えるのは難しいでしょう。ほかのメンバーが彼女の貢献を期待しているだけでなく、途中で別のグループに加わることも容易ではありません（それに、読みはじめていない本の半分を一度に読む必要があります！）。あなたは、選択の変更をとても頻繁に要求してくる生徒の存在に気づくことでしょう。そのような場合の彼らの課題は、計画を最後までやり遂げることや、作業を終わらせることにあるかもしれません。

生徒からのすべての要求にどのようにこたえるかについてよりも重要なことは、選択肢の変更に関して望ましいマインドセットをもっていることです(4)。私たちが厳格で、過度に権威主義的だと変更することを許さないでしょうし、生徒の学びを制限してしまうことにもなるでしょう。さらに、生徒がよりよい決断を下すチャンスを奪い去ってしまうかもしれません。

一方、すべての変更要望にこたえてしまうと、生徒によっては選んだ選択肢を堅持することに課題を抱えてしまいますし、やり遂げることが苦手になってしまうという可能性があります。

取り組む時間を管理する

クラス全員が同じことを同じ時間に行っていたら学級経営はかなり簡単で、問題が起きてから対応すれば十分オーケーです。生徒が脱線したら、教師が直せばよいだけです（退屈なときは、モグラ叩きゲームをしているような気分を味わうこともありますが！）。一方、生徒たちがより多様な取り組みをはじめると、より自立的に取り組めるように、またより先を見越した対応が必要となります。つまり私たちには、生徒たちが自立的に成功できるようにサポートする必要があるということです。そうすることで、彼らは正しい軌道を自ら保つことができるのです。

（4）ここの「望ましいマインドセット」は、「柔軟な対応」と言い換えられると思います。

生徒の自立をサポートする仕組み

トリシャ・ホール先生が教える一年生たちは、サークルになって受けたミニ・レッスンから「ひたすら読み・書く」ワークタイム[5]に移行しつつあります。いまは一月で、ホール先生は年度始めの九月から自立して学ぶワークタイムにおいて何をするのかについて教えてきましたので、一年生でもすでに自分が何をすべきかを知っています。

彼らは、読み、書き、そして言葉の学習教材が入ったプラスチックの手提げ袋を持って、教室のいろいろな場所へ目的をもって元気に移動しています。何人かの生徒は、自分が書いた作品を出して、インゲンマメの形をしたテーブルで先生とミーティングをはじめようとしています。これから、句読点の校正についてのグループ指導[6]がはじまるのです。

多くの生徒が個別読書[7]からはじめるので、ビーズクッションや床の上に座って読みはじめています。三人の生徒はオーディオブックを聞くコーナーに行き、ヘッドフォンをつけて早速聞き／読みはじめました。

ボランティアを務める保護者の一人が、一つのテーブルに座って生徒を一人ずつ呼び、生徒たちが読書ノートに書き込んだ新しい単語を覚えているかどうかをチェックしています。二人の生徒は一緒に座って、静かに、交互に読み聞かせを行っています。

私は座って観察をしていましたが、六〜七歳児の自立性の高さに驚嘆しました。彼らは必要なものは自分で入手し、教室内の適切な場所に座り、必要に応じて容易に「言葉の学習」から「読み」、そして「書き」に移動しながら、自分が行ったことを個人のスケジュールカードに記入していました。また、何人かの生徒は新しい本を入手しようと、図書室に行くための外出シートにサインをしていました。

図書室に行くときには、最初に誰も教室の外に出ていないことを確認します。そして、自分の名前を一番下の行に書き込みます。図書室から戻ると、自分の名前に線を引いて消すのです。(8)

---

(5) ここでは、読みと書きを分けて取り組まないで、どちらでも生徒が好むほうを取り組めるようにしています。少なくとも低学年の場合は、そのほうが理にかなっているからです。

(6) これは、すでにクラス全員を対象に行われている焦点を絞った指導（ミニ・レッスン）とは異なり、共通の課題をもった数人を対象に教師がガイド役を務めながら指導するもので、「責任の移行モデル」の第二段階として行われるものです。詳しくは、『「学びの責任」は誰にあるのか』を参照してください。

(7) これは、「責任の移行モデル」の第四段階となる個別学習にあたります。

(8) 自立した読み手、書き手、学び手、考え手を育てるためには、クラスの誰もが教師の助けを借りなくてもできる簡単な仕組みをつくることが鍵となります。小学一年生ですら、そのチャンスと練習さえ提供されたら確実にできます。あと必要なことは、教師がそれをしようとする判断だけです。

この読み書きの授業の間、ホール先生はいくつかの小グループと学習しています。時には軌道から外れた子どもを元に戻すようにサポートすることもありましたが、熱心に多様な読み書きの活動に取り組む生徒たちを見て私は本当に驚きました。

日々の授業のなかで選択肢を提供するようになると（とくに、生徒がプロジェクトや先に説明したような、年間を通じた読み・書きのワークショップのような取り組みなど、より複雑な選択肢の場合は）、生徒がより自立的になれるシステムを考え出し、それについて教える必要があなたに出てきます。(9)

ホール先生が小グループに対して教えようとしているのに、生徒たちが、「鉛筆はどこですか？」「別の本を持ってきてもいいですか？」「僕は今日、言葉の学習をしなければなりませんか？」「トイレに行ってもいいですか？」などの質問をするために長蛇の列をつくっていては、読み・書きでサポートを必要としている生徒に対してコーチングをすることができません。対象学年に応じて異なるシステムが必要となりますが、次に示すようなアイディアが参考になるでしょう。

学級経営面での時間と場所とモノ

授業には直接関係のない時間や場所やモノの管理はどうしたらよいでしょうか？　こうした生徒からの質問に答える時間が少なければ少ないほど、より多くの時間をサポートする時間に費やすことができます。

ドアのそばに退出用のシートを置いておき、それを使って生徒が自由に出入りできるようにします。バンドエイドの箱を取りやすい場所に置いておきます。日程表を見えやすい場所に貼っておけば、生徒たちはいつ何をするのかが分かります。授業には直接関係しないほかの質問をすることで、生徒たちが自立的に動ける方法を考えてみてください。

日々の授業

生徒たちは、どこに自分のものや作品をしまっておくのでしょうか？　ホール先生は読み・書きに手提げ袋を使っていましたし（使わないときは棚に収納しておけます）、私はジッパーの付いた大きめのビニール袋を使っていました（使っていないときは整理棚にしまえます）。

（9）この生徒が自立できるシステムづくりに興味をもたれた方は、『ライティング・ワークショップ』（とくに最初の3章）や『イン・ザ・ミドル』をご覧ください。

中高生たちであれば、クラスごとの棚を決めておくことで整理整頓が可能となります。また、完成品を提出する場所が決まっておれば、生徒たちは時間が来たらそこに置くことができます。

必需品

日常的に使うモノがどこにあるかをはっきりさせて、使い終わったら同じ場所に戻すように教えます。必需品を一度に全部紹介するのではなく、徐々に紹介するようにして、必需品の多さに圧倒されずにルーティンがこなせるようにしていきます。必要のないモノや触れてほしくないモノは、見えないところに置きましょう。

一つの作業から次への移行

一つの作業への取り組み方や整理整頓の仕方を生徒に教え、練習します。作業が終わったときや質問をしたいとき、また助けが必要なときに、どのような選択肢があるのかについても教えておくことが大切となります。

進捗状況を記録する

大きくて長いプロジェクト[10]に取り組むときは、たくさんのステップをより扱いやすい小さなステップに分けて提示するチェックリストなどがあると便利です。そのようなものがあると、生徒が複雑なプロセスをより自立的に取り組むことができるだけでなく、教師にとっても情報を把握することが簡単になり、生徒の観察が楽になります。

仕組みに関する最後のアドバイスは、やりすぎないということです！　退出シート、作業の進捗状況を示す表などはとてもよいものですが、それらはあくまでも生徒の自立を助けることを目的としたものです。もし、必要性がなければ、それらは単に生徒の仕事を増やしているだけとなります。したがって、必要な仕組みだけを使ってください。

時間の管理

選択肢を提供するという方法において、もっとも大きな問題と見なされていることの一つが時間です。クラスの全員が同じことをしているときでも大変なのですから、生徒たちが異なる活動

(10)　これの具体的な例として、本当に存在する問題の解決に取り組む『ＰＢＬ　学びの可能性をひらく授業づくり』が参考になります。

をしはじめたらさらに状況が悪くなってしまうのではないかという危惧が生まれるように思いますが、大丈夫です。私は、どんな授業でも同じだと思っています。時間の管理の仕方について言えば、一つだけ転換できるとより容易になります。

その一つの転換とは、多くの人が授業に対してもっている習慣上の（そして、多分に意識すらされていない）前提を葬り去ることです。それは、よい授業はしっかりと課題を終えること、というものです。ワークタイムは、作業（課題）を終わらせることではなく、費やす時間で考えるのです。

たとえば、生徒たちが三つの異なるワークシートから選んで取り組んだとしたら、一人が選んだシートを終わらせることを目的とはせずに（たとえ、全員が同じものを選んだとしても、終わる時間はそれぞれ異なります!!）、全員が同じ時間を費やすようにするのです。

ある生徒が一枚のシートの半分しかできず、別の生徒が三枚のシートのうち二枚を終わらせたとしても構わないのです。人の能力とはそういうものですから。こうすることで、終わらせようと慌てたり、ほかの人に比べて自分は遅いので能力がないと思ったりすることがなくなり、生徒たちはリラックスして、量ではなくて質にフォーカスして最善を尽くすことができるようになります。

時間の管理ということでもう一つ重要な点は、プロセスの最後に「振り返り」の時間をしっかりと確保することです。生徒たちが熱心に取り組み、あなたがコーチングに夢中になっていると時間はずれ込みやすくなり、休み時間や次の授業に食い込んでしまうことになりますからタイマーをセットしてください。あるいは、生徒に時間係という役目を割り当てて、しっかりと時間を確保して、次の授業に移る前に振り返りを行ってください。

また、振り返りに移行する数分前に、生徒たちに注意を喚起してあげてください。そうすることで、生徒たちは区切りのよいところで終わらせることができます。

コーチングをしているときの学級経営

ほとんどの生徒が作業に打ち込んでいたとしても、何人かの生徒には教師のサポートが必要なものです。生徒たちは、集中できなくなったり、苛立って落ち着く必要があったり、誰かのスペースに介入してもめ事を起こしたりするものです。選択肢を提供することでこれらの問題行動はかなり減らすことができますが、完全に取り除くことはできません。したがって、コーチングをする間もクラス全体を管理する必要があります。ワークタイムをうまく管理するためのいくつかの方法を以下で紹介します。

クラス全体を見る

よい観察の仕方において重要な要素は身体の向きです。一人の生徒か小グループと話をしているとき、あなたの身体はできるだけ多くの生徒のほうに向けてください。誰かが出たり入ったりすることが確認できるように、理想的には教室の入り口が見えるような配慮が大切となります。

クラスを見渡す

一人の生徒と話をしているとき、定期的にクラスを見渡してください。わずか一〜二秒でも見渡せばクラスの状態が読めますし、場合によっては、潜在的な問題を感知することもできます。たとえば、小グループがテーブルでクスクスと笑っているところです。

彼らは単純にその場を楽しんでいるのでしょうか？　それとも、やるべきことをしていないのでしょうか？　アンドリューは頭を机につけています。彼は考えているのでしょうか、休憩をしているのでしょうか、それとも気落ちしているのでしょうか？　ひょっとしたら、完全にやる気をなくしているのかもしれません。

生徒たちの目に注目する

見渡しを効率的に行うときには、生徒たちの目を見るようにしましょう。彼らの目は、目の前の作業に集中していますか？　熱中しているように見えますか？　それとも、退屈していますか？　動揺していますか？　いたずらをしようとはしていませんか？

いつ行動するかを決める

多くの場合、脱線する生徒はすぐに自分で軌道修正をします（とくに、選択肢が提供されているときのように、取り組んでいることを楽しんでいる場合は）。そんなときは、介入する必要はありません。

一方、些細な問題行動が雪だるま式に大きくなることもあります。修正したり、サポートしたりするのを待ちすぎると、元に戻すのが難しくなってしまいます。短い、断固とした、しかし優しい方向修正が目的を達成するために必要となります。最小限の混乱で、生徒を再び熱心に取り組ませることができます。あるいは、生徒たちが活力を失ったと判断して、ワークタイムを終わらせるというのも一つの方法となります。

ピア・サポーターとしての生徒

選択肢を提供する大きな効果の一つは、同じことを同じ時間内に全員がしているときよりも、生徒たちがより協力的になる（競争的にはならない！）ことです。みんなが自分の作業に集中していると、クラスメイトと比較することが難しくなります。もちろん、生徒たちが互いに助け合うことも容易となります。生徒たちの取り組みが多様になると、一人の教師がすべての生徒のニーズを満たすことが難しくなるので、とてもよい方法となります。

とはいえ、コーチングは難しいために、生徒たちに「互いに助け合いなさい」と言う以上のことをする必要があります。もし、あなたが、同僚にフィードバックを提供したり、フィードバックをされたりする様子を観察したことがあるなら[11]、その難しさについては認識していることでしょう。また、生徒同士のピア・コーチングはさらに難しくなります。生徒たちにそれができるようにするためには、意味のあるフィードバックを互いに提供したり、受け取ったりできるようにあなたが準備をしておき、サポートを続ける必要があります。

ピア・サポートができる仕組み

ピア・コーチングにおいて成功できるようにサポートする方法は、ペアでする話し合いやカンファランスの仕組みを提供することです。その仕組みは段階的に紹介してください。年度当初は無難なやり方でゆっくりと進め、生徒が慣れてきてからより複雑な仕組みを導入するのです。

枠組みを設定したパートナーの話し合い

年度当初、生徒たちが平等な話し合いを体験するために、簡単なパートナー同士の話し合いを行います。この話し合いは、話し合う方法と、短い時間で行う枠組みを設定したフィードバックを提供しあうというピア・カンファランスの準備段階となります。

以下に紹介するのが、互いにフィードバックを提供したり受け取ったりするときの言い回しの例です。

一つの肯定的なフィードバック――パートナーの作品について、一つの肯定的なコメントをして

(11)　著者は、「ピア・コーチング」「ピア・サポート」「ピア・カンファランス」を同義のものとして使用しています。

ください。

もう少し聞かせてください——パートナーがもう少し自分の作品について考えられるようにするため、「……について、もう少し聞かせてください」を使ってください。

三つのいい点と一つの改善点——付箋に、パートナーがよいことをしていると思った点を三つ書き出します。それから、作品をさらによくするための提案を一つ書きます。

選択肢を提供する時間に、このようなほぼ確実で、枠組みを設定したピア・カンファランスを組み込むことができると、すべての生徒が練習でき、安心してフィードバックを提供したり、受け取ったりすることができるようになります。

私がおすすめするのは、年度当初にこのような短いパートナーとのやり取りを頻繁に（可能なら毎日）することです。そうすることで、生徒たちはピア・サポートを行うためのスキルを身につけていき、年度の後半にチャレンジレベルの高い作業に取り組むときに、より豊かで意味のあるピア・サポートを提供しあうことができるようになります。

ピア・カンファランスの申し込みシート

私がよく使っている生徒をサポートするための方法に、生徒同士をカンファランスの形でつなげるといったやり方があります。この仕組みは、長期のプロジェクトに生徒が取り組んでいようと、短い一時間の授業中であろうと機能します。

簡単なシートをつくり、生徒がそこに自分の名前と、抱えている課題を短く書けるようにします。ほかの生徒がその課題を見て自分が助けられると思ったら、その人にカンファランスをするのです（私は、ライティング・ワークショップや探究プロジェクトをしているときは、教師とのカンファランスの欄もそのシートに加えていました）。サポートを依頼することで、生徒たちは自分の学びに対して責任をもつことができるだけでなく、学びを停滞させる小さな課題については、お互いに助け合って対処するのです。

また、より高いニーズをもっている生徒に焦点を絞ることができますので、教師としての私の時間も有効に使うことができます。私のクラスは、二五人の生徒たちが協力して学び合い、助け合っているクラスでした。

学習パートナー

互いに助け合えるようにするためのもう一つの方法は、生徒たちにパートナーを指定して、必要なときには助け合えるようにすることです。一時間の授業のためにもできますし、長期的なプロジェクトに取り組んでいるときにも設定できます。

短期の場合は、事前に助け合えるペアを決めておくか、箱から名前が書かれた紙を引くという形でランダムにペアを決めます。長期の場合は、期間限定のパートナーとして設定することもできます。

ある年、「宿題パートナー」を実験したことがあります。一緒に宿題をするのではなく、あくまでも相手に宿題があることを思い出させたり、宿題が何だったか忘れてしまったりしたときに教え合うというものです。

誤解のないように補足しますが、パートナーを設定したからといって、パートナー以外のクラスメイトのサポートが得られないということではありません。パートナーは、あくまでも「声をかけやすい仲間」という存在です。同時に、学習パートナーないし、ほかのピア・サポートの仕組みは教師の助けに代わるものではありません。これらの仕組みは、教師のサポートを得つつ、みんなが互いにサポートしあえるようにするための方法です。

ピア・サポートができるスキルを教える

あなたは、サポーティブで建設的なフィードバックを提供することの難しさを痛感したことがありませんか？　そのようなフィードバックには、よく観察すること、どんなサポートを提供することができるのか、それを提供する際の言い方など、複雑なスキルを必要とします。大人でさえ難しいことですから、生徒たちにとってはどれほどのチャレンジが必要になるかを想像してみてください。

協力するための基本スキル

生徒同士（ピア）が効果的に協力できるのは、互いにサポートしあうために必要なスキルを生徒たちに教えたときです。重要なことは、これらのスキルの多くが、すでに教師が教えなければいけないもののなかに含まれていることです。そしてそれらは、選択肢を提供するという学びに取り組んでいようがいまいが、生徒の学力向上に寄与するということです。もし、信じられないというなら、**表７－１**に示した各州共通基礎スタンダード（Common Core State Standards ＝ CCSS）[12]を見てください。

生徒たちが効果的に協力できるために、具体的にどのような行動やスキルを教える必要があるかについて考えてみてください。

（12）日本でこれに相当するのは学習指導要領です。グローバル・スタンダードとして、この表に書かれているようなことが学習指導要領にも含まれていないとまずいのですが、大丈夫でしょうか？

表７－１　協力するためのスキル（例）

スタンダード	説　　明
・CCSS、書くこと、７年生（W. 7. 5）	・ピア・サポートや教師からの指導を得ながら、目的意識と相手意識をどれだけ満たしているかに焦点を当てつつ文章を構成し、修正し、校正するほか、まったく新しいアプローチを試してみることなどに必要となる書くスキルを身につけることができる。
・CCSS、聞くことと話すこと、３年生（SL. 3. 1）	・３年生で扱うテーマやテキストに、多様なクラスメイトと協力を基調にした話し合いに（ペアで、小グループで、教師がリードするクラス全体で）建設的に取り組んだり、他者のアイディアを発展させたり、自分の考えを明確に伝えたりすることができる。
・CCSS、算数・数学を練習する際のスタンダード（MP３）	・すべての学年の生徒は、クラスメイトの論証を聞いたり読んだりして、それが正しいかを判断し、論証をはっきりさせたり、改善するために効果的な質問をすることができる。

・敬意を示すアイ・コンタクト
・カンファランスをするときの、効果的な身体のポジションの使い方
・明確な質問の仕方
・フィードバックをしっかり受け止める方法（そして、それを受け入れ、活用するかを判断する方法）
・学びのコントロールを相手から奪うことなく、サポートを申し出る方法
・カンファランスの焦点を絞り、短く行う方法

こうしたスキルをモデルで示し

たり、練習したりすることは、一年を通して行う必要があります。協力して取り組む必要性が高く、もっとも基本的なものからはじめてください。より難しく、掘り下げる必要のあるスキルは、年度の後半にとっておくようにしましょう。これはとても大きなテーマなので、このスキルに特化した『効果的なグループワーク（*Productive Group Work*）』（参考文献12・未邦訳）を参照してください。選択肢が提供された方法で生徒たちが学んでいるときに有効となる、いくつかのスキルを以下で紹介します。

オープンエンドの質問

互いのスキルが大きくかけ離れているとき、異なる課題に取り組んでいるとき、さらには互いの作品への理解をほとんどもっていないときも、オープンエンドの質問はお互いの助けとなります。あなたが生徒にオープンエンドの質問を教えることによって、互いにサポートしあうことになり、クラスを元気づけることもできます[13]。

キャサリンとブライアンは、書くカンファランスを行っているところです。ブライアンの

---

(13)　オープンエンドの質問の仕方について詳しくは、『たった一つを変えるだけ』を参照してください。

ほうがキャサリンよりも多くの点で優れていますが、彼はいま書いているエッセイに行き詰まっており、前に進むために助けを必要としています。キャサリンが最初にオープンエンドの質問をしました。

「うまくいっていることは何ですか？」

「エッセイの最初のほうではいいポイントをいくつか出したんだけど、途中でしぼんでしまったんだ」とブライアンは説明しました。

「なぜ、途中でしぼんでしまったと考えたの？」とキャサリンは続けました。

ブライアンは、しばらく考えて次のように答えました。

「あまり詳しく書けていないんだ。最初のポイントではたくさんの理由を挙げているのに、あとはポイントだけしか書いていない」

「これからどうすればいいと思う？」と言うキャサリンに対して、ブライアンはうなずいて、次のように答えました。

「あとのポイントにも、同じようにたくさんの理由を挙げるようにするよ。ありがとう、助かったよ」

オープンエンドの質問の使い方を学んでいる最中の生徒たちがカンファランス中に使える方法

として、教師の間で普及しているものがあります。それは、質問のリストを貼っておくという方法です。(14) 視覚的なサポートは、カンファランスをより効果的なものにするために大いに役立ちます。この方法を試すときに効果的な質問は次のようなものです。

・これまでうまくいっているのは何ですか？
・次に何をしようとしていますか？
・ほかに何を試しましたか？
・もし、魔法の杖を使えるとしたら、何を変えますか？
・ほかにどんな考えをもっていますか？

フィードバックの受け取り方

ピア・カンファランスの最中、お互いがイライラして、物別れに終わるという場面を見たことがあります。一方がアドバイスやサポートを提供しているのに、もう一方がそれらをまったく受け止めようとしなかったのです。

(14) 生徒の自立的な学びを意図して促進する教師の教室では、たくさんの掲示物が見られます。たしかに、視覚的なサポートを提供すれば、教師に依存する部分はかなり減ります。しかし、それらの掲示物を取り去るタイミングに関しては熟考してください。

生徒たちの多くは、受け取ったフィードバックをどうしたらよいのかということに関してサポートを必要としています。とくに、受け取った生徒が助けにならないと思ったときです。

生徒が反応できる方法は多様です。たとえば、「ありがとう」と言うことや、さらなる質問をすること、そしてあとで考えるために提案を書き出すことなどです。敬意をもってフィードバックをどのように受け取るのかについて学ぶことは、年間を通してカンファランスを生産的かつ肯定的なものにします。

カンファランスしないときを知る

互いに助け合うことに熱中して、自分の作品を磨いたり、プロジェクトに打ち込んだりすることを忘れてしまっては本末転倒です。ですから、助けを求められたとき、「タイミングが悪い」という理由で断ることに問題がないことを生徒たちに教えなければなりません。これについては、クラスでブレインストーミングをすればよいでしょう。

「私たちは、できるだけお互いに助け合いたいと思っていますが、時には丁寧に断る必要もあります。それについて、一緒に考えてみましょう。クラスメイトの助けに応じるべきでないときは、どのようなときでしょうか？」

生徒たちはたくさんのアイディアを出しました。自分にたくさんやるべきことがあるとき、ほかの人を助けたばかりのとき、自分の作品やプロジェクトがうまくいっていて集中力を切らしたくないとき、などです。出されたアイディアを貼り出して、時にはクラスメイトの助けを断ってもよいことを思い出せるようにしてください。

ピア・サポートで注意すべきこと

選択肢を提供して授業を行うとき、生徒同士が助け合うことはもちろんよいことですが、それぞれの生徒がほかの仲間を助けてばかりいるという状況はやはり問題です。教師が注意をしなければならないことの一つですが、同じように注意をしなければならないことがほかにもあります。

問題のあるやり取りは注意深く見守る

生徒のなかには、適切な協力をしながらかかわることに問題を抱えている人がいます。ばかげた振る舞いをしたり、脱線したり、あるいは相手に対して敵意を抱いたりするケースです。もし、生徒が肯定的かつ生産的なピア・コーチングをすることに問題を抱えているときは、追加のサポートをするか、特定のパートナーと組ませるようにします。

これは、安心でき、敬意のある学習環境をつくりだすためにあなたができることの一つとなります。つまり、生徒のやり取りを注意深くモニターして、必要なサポートを提供するということです。

サポートと判断の違いを知る

生徒たちが学習に取り組んでいるときの助け合いは、互いに提供しあうフィードバックは相手に寄与するものとして行い、批判や判断でないことを確認しなければなりません。

プロジェクトに取り組んでいるとき、お互いに助け合うために進行中の作品に対してピア・サポートのルーブリックを書き込むことはいいのですが、成績をつけたり、総括的な評価をしてはいけません。また、問題を解決するために相互にアイディアを提供しあうことはできますが、テストを交換したり、お互いの作品を修正したりすることはできません。ピア・カンファランスが判断や批評、そして評価になってしまうと、多くの生徒は安心感をもつことができなくなり、結果的に学びの妨げとなってしまうのです。

公開のコーチングは慎重に行う

職員会議（や指導案の検討会）で、生徒たちが作成したばかりの作品を紹介したところを思い浮かべてください。質疑応答の最後で、善意にあふれた何人かの同僚が次のようなフィードバックをあなたにしたとします。

「あなたの生徒がアクティブに取り組んだのはとてもよかったのですが、彼らは内容を本当に理解したと思いますか？」

「このユニットでは、どのスタンダードを満たしているのですか？　少しは満たしていたと思いますが、ほとんどは満たしていたかどうか分かりませんでした」

「あなたが次にするときの改善案をもっています……」

本来、肯定的に共有する時間が批評の時間に変わってしまいました。同じようなことが教室の中で起こっていることを私も見たことがあります。ある生徒がみんなの前で作品を紹介したのですが、どのように反応してよいのか分からない生徒たちは、サポートと感謝を提供する場を批判的なフィードバックをする場に変えてしまったのです。

サポーティブなフィードバックを受け取るということには、ある程度傷つくであろうという可能性が含まれています。これは、一対一のカンファランスでさえ起こりますが、複数のクラスメイトの前となると、たとえ優しく親切に言われたとしても傷つくことがあります。したがって、一般的なルールとしては、クラス全体でのフィードバックは避けてください。

クラス全体で何かを共有したいときは、出される質問やコメントはサポーティブなものだけであることを明確にしてください。具体例を示して、サポーティブなフィードバックがどのように見えるかについて説明してください。[15]

もし、生徒たちにお互いに学ぶチャンスを提供したいなら、見えない形でやるのがよいでしょう。たとえば、クラスメイトに建設的なフィードバックを提供する場合、全員が一つの肯定的なコメントと一つの提案を付箋に書き出すのです。そうすれば、受ける生徒はひと呼吸置いてから情報を自分なりに消化することができます。

このような、穏やかな仕組みを使ったときでも注意深く進めたほうがいいでしょう。ピア・フィードバックは、本当に助けになるのか、あるいは必要なのかということを考えながら実践してください。「害は及ぼさない」[16]という方針のもと、ピア・サポートについては、よく熟考しながら取り組むことを提案したいです。

まとめ

友だちで同僚の一人は、私が教えている四年生のクラスがいかに混沌としているかということについてなじることが好きです（とくに、同時にたくさんの課題に取り組んでいるとき）。三人の生徒が劇の練習をしています。四人は壁画をつくっています。何人かはコンピューターのキーボードを打っています。残りは、多様なアート・プロジェクトに取り組んでいます。こんな様子ですが、全員の生徒たちは地学の単元を学習しているのです。

同じ時間、同僚が担当する五年生のクラスでは、全員が大人しく席について静かに学習しています。全員が、同じことを同じ時間に行っているのです。

「エンダーソン（著者）！　いったいここで何が起こっているんだ？　まるで幼児の遊戯室じゃないか！」

と、同僚は大げさに驚いてみせながら叫びました。彼の視点からすると、私の教室は規律が欠けています。至る所に生徒がおり、決して静かとは言えませんが、エネルギーにあふれた空間と

---

(15)　このためのとてもよい方法が「大切な友だち」です。「ＰＬＤ便り、大切な友だち」で検索すると、その手順が分かります。

(16)　原書には「これは見直しが必要と言えるかもしれません」と書かれてあったので、著者に確認したところ、「その効果はすでに認めているが、その使い方が悪いと（たとえば、教師が時間を切り詰める／楽をするために、テストや宿題を生徒たち相互に見させて、点数をつけさせるなど）、生徒の学びと教室環境を台無しにしてしまうので、注意を呼びかけたかったのです」という回答を得ました。また、「助けになるフィードバックを提供できるスキルを提供したうえでピア・サポートの機会が提供されたなら、教師一人が頑張る授業に比べて、数倍の効果を上げることを私はこれまでに何度も見てきました。とくに、ライティング・ワークショップと探究プロジェクトにおいてそれが顕著に見られました」ともありました。

なっています。

選択肢を提供するクラスで学びを促進するためには、より多くの仕組みが必要になる、と私は主張したいです。多様な学習材の使い方、整理整頓の仕方、生徒が効果的に協力して学んでいるときの助け方、一度に多様な活動に取り組んでいる生徒たちへのコーチングの仕方に至るまで、本章で紹介したすべてのアイディアは、極めて複雑なマネジメント・スキルと教え方のスキルが必要となります。そして、これらのスキルを身につければ、生徒たちが楽しく精力的で、意味のある学び[17]に取り組もうと活気づきますので、このような複雑な仕事にはそれだけの価値があると言えます。

(17)　協力者から、「これこそ、真のアクティブ・ラーニングですね」というコメントがありました。単に、生徒たちに話し合わせることではないのです。

第８章 振り返りのパワー

ブース先生が教える四年生たちは、四五分間休みなく、さまざまな算数の道具を使ってモザイク細工の作品をつくっています。彼女は生徒たちをサポートするのに忙しく、またみんなも一生懸命に取り組んでいたので、スピーカーから授業終了のアナウンスが流れたときには、クラス中が飛び上がったぐらいです。

「あら、まあ！　みんな道具をしまって、椅子を机の下に入れて、コートを取って、帰りの用意をしてください」と、ブース先生は叫びました。

一方、ハンター先生は時計を見ています。彼は、生徒たちが教室を移動する前に振り返り(1)をさせなければならないことを知っています。この生徒たちはまだ一〇年生なのですが、一

(1)　アメリカの中学校以上は、大学と同じように毎時間教室を移動して授業を受けています。

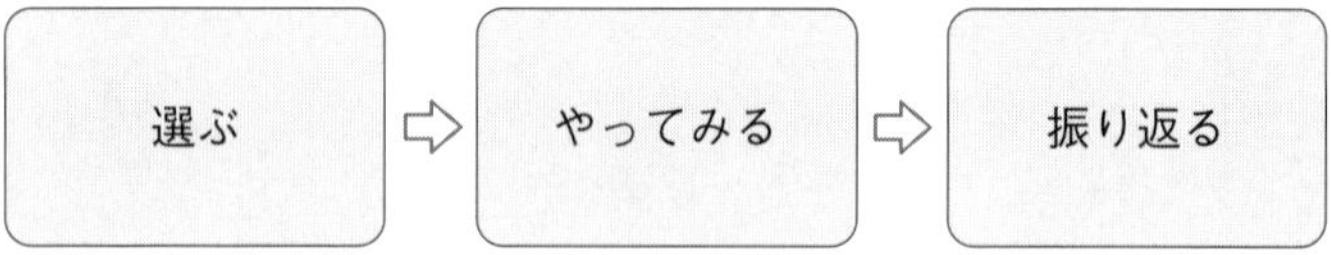

一年生よりも集中して取り組んでいました。素晴らしいことが起きているために授業をやめず、「振り返りは明日でもできる」と自分に言い聞かせました。

選択肢を提供する授業の最後となる「振り返り」は、さまざまな理由で無視されがちです。ブース先生のように、時が経つのを忘れる先生もいますし、ハンター先生のように、「やってみる」段階からできるだけたくさんのことを搾り出そうとする先生もいます。あるいは、学習したことについて生徒が振り返ることに価値を見いださない先生もいます。作文、図表、テスト、プロジェクトなど、生徒たちが実際につくりだすものの価値を過大評価するからでしょう。

それとも、何が本当に重要なのかについて、私たちが見失ってしまっているからでしょうか？　つまり、振り返りを行わないままにしておいて、生徒たちが学び方を学んでいると言えるでしょうか？　生徒たちが自立的になるためには、自分で振り返る方法を学ばなければならないということを認識しなければなりません。

生徒が自立的な学び手になるために学び方を学ぶ必要がある、これが選択肢を提供する際にもっとも大切となる理由です。学びに選択肢を提供すれば、生徒たちはより多くをコントロールできるようになるほか、作業によりコミットできるのでエンパワーします（元気づけます）。

教師は、この振り返りの体験を通して彼らが確実に学べるようにしなければなりません。とくに、作業に完全に没頭しているときは、自分がしていることを振り返るのが困難だからです。この両方を同時にすることがどれだけ難しいかについて、かつて私に気づかせてくれた生徒がいました。

メリッサは、グループのメンバーに対して読み聞かせをしていました。読み聞かせをしていた本は、一緒に探究していた小説です。彼女の読み方はとても素晴らしいものでした。彼女が読み終わったときに、「メリッサ、あなたの読み方はとても流暢で、表現豊かだったよ！　いま読んだところを説明してくれる？」と言いました。彼女は信じられないような顔をして、次のように答えました。

「何が起こっていたかなんて、私に分かると思いますか？　私は読んでいただけです！」

生徒たちは、実際の学びの体験とは別に、一歩身を引いて、自らの学びや作業を振り返る必要があります。選択肢のなかから選んだことと取り組んだ学びについて振り返る機会を生徒に提供することによって、それが可能になります。生徒たちが学び手としての自分をよりよく理解できるように振り返りと自己評価のスキルを私たちが磨き、将来にわたって学びを自立的に進めていけるようにサポートしなければなりません。要するに、生徒がよりよい学び手になることを私たちが助けるということです。

そのためには、「振り返り」の段階を優先することが大切となります。タイマーを使って、時が経つのを忘れることがないようにしてください。しっかりと振り返りの時間を確保して、どのように振り返りを行えばよいのかについて事前に準備してください。間違っても、教師へのお付き合いで振り返りをするようなことがないように注意してください。

また、この短い時間が、生徒たちにとって価値のある振り返りの時間になるようにしてください。振り返りの時間にはたくさんの可能性が秘められていますが、いくつかの鍵となる方法を覚えておくとよいでしょう。

異なるタイプの振り返り

どのように振り返るべきかを検討する前に、生徒たちは何を振り返るべきかについて考えましょう。生徒の振り返りには、以下に示すように四つの種類があります。

選択したことについて振り返る

生徒がどのような選択をし、自分の学びにとってそれがどうであったのかを振り返ることは、効果的な意思決定のスキルを磨くことに役立ちます。同時に、生徒が学びに対してもっているパワーとコントロールの力を強化します。あなたは生徒に、「あなたは、今後も自分で選びます。選択したことから、最大限の学びを引き出す方法を考え続けてください」というメッセージを発信しているのです。

生徒がよりよい選択ができるようになると、年度の後半で、選択肢のなかからより複雑で面白いものに取り組めるようになります。次に紹介するのは、生徒が選択したことについて振り返ってもらうための質問例です。

・「今日は、学ぶためによい選択ができましたか？　何がそれを可能にしましたか（妨げになりましたか）？」
・「私たちの学習目標を考えてみてください。あなたが選択したことは、その目標を達成する助けになったと思いますか？」
・「もし、明日も同じ課題をするとしたら、あなたは何を選択しますか？　また、その理由は何ですか？」

・「あなたが選択したことは、あなたを『ぴったりのゾーン』(2)で学べるようにしましたか？　また、どうしてそれが分かるのですか？」

学んだことについて振り返る

何はよかったのか、改善の余地があるのは何かについて考えることは、生徒が学んだことと取り組んだことについて振り返る際に役立ちます。学んだことや取り組んだことの全体が考えられるように励ますか、学んだことの特定要素に焦点を当てられるように助けてください。

行ったことや学んだことを正確に自己評価できるようにあなたがサポートすることができれば、自らを学び手としてよりよく理解することを助けるだけでなく、生徒たちは自らのニーズや好みについても考えられるようになります。またそれらは、彼らがより自立した学び手となるために必要とされるメタ認知のスキルを継続して磨くことにも役立ちます。

・「この活動に取り組んでいたとき、あなたが学んだ大切なことは何ですか？」
・「今日学んだことを振り返って、あなたがもっとも満足しているものを丸で囲んでください。また、なぜそれを選んだのかについて、パートナーに説明できるように準備してください」
・「今日の学習で、とくによかったことは何でしたか？　改善できるところは何ですか？」

目標について振り返る

効果的で現実的な目標設定は、振り返りの段階で生徒自身が身につけられるようにサポートできるとても大切なスキルです。今日の学校では、ほとんどの学習目標が教師かカリキュラム（教科書）によって設定されがちとなっています。またそれらは、授業がはじまる前に教室の前に貼り出されています。

このようにされているのは、学習課題の目的を明確に知っていたほうがよいだろうという、教師の善意によるものです。しかし、それが過度になると、生徒たちを学びから遠ざけてしまうというマイナス効果が生まれます。要するに、ほかの誰かが学習目標をコントロールしているということは、その人が学びもコントロールしているということです。それをやめて、生徒自身により多くの目標設定をさせてみてはいかがでしょうか。そうすることによって、学びのオウナーシップと内発的な動機づけを高めることが可能となります。

生徒たちに、「学び手として、今日知ったことは何ですか？　あなたが次に学ぶべきだと考えているものは何ですか？」と問います。目標は、一つの活動から次の活動へ、ある授業から次の

（2）　発達の最近接領域（ZPD）のことで、「チャレンジ・ゾーン」という名称を使っている人もいます。

授業への橋渡しも提供してくれますし、よりまとまりのある学びの体験もつくりだしてくれます。(3)
・「昨日は、私たちが読んでいる本のなかにある比喩的な言い回しについて学びました。今日もそれを続けます。昨日あなたが設定した目標について考え、今日も読み手として、それがどのように役立つかを考えてください」(4)
・「クラスとしての学習目標は、『パターンをつくりだす練習をする』となっています。あなた方は、パターンをつくりだすために、どのような個人的な目標を設定していますか？」(5)
・「いま取り組んでいる作文のどの段階に自分がいるかと考えてみてください。残りの時間のことを考えて、現実的な目標を設定してください。金曜日までに何を達成したいと思っていますか？」
・「動きがあり、かつインタラクティブ（双方向）であり、とても効果的なプレゼンテーションをつくるためにみんな頑張りました。次にプレゼンテーションをつくるときは、どんな目標を掲げますか？」
・「付箋に、書くことに関する明日の目標を書いて、作家ノートに忘れないように貼っておいてください」

三つを組み合わせて振り返る

もちろん、これまでに説明してきた三つの振り返りに限定する必要はありません。振り返りという、すでに複雑で、生徒が混乱しやすい活動に取り組んでもらうのですから必要以上に困らせるべきではありませんが、時には、一つ以上の振り返りの要素を同時に考えてもらってもよいでしょう。

たとえば、自分が学んだことを振り返ると同時に、今後の目標を設定するといった具合です。

---

(3)　生徒たちの観点からすれば、少なくとも学校現場に充満しているバラバラ感やあやつり人形感を一掃してくれるということです！

(4)　日本の国語（読解）の授業のようにクラス全員が教科書教材ないし同じ本を読んでいるのではなく、ほとんどの生徒が異なる本を読んでいることに注意してください。それが、選択肢を提供するという授業実践です。読み手／学び手としての成長に焦点が絞れており、教材理解という発想はありません。というか、あくまでも「手段」でしかありません。

(5)　こちらも、日本の作文授業のように、クラス全員が同じテーマで同じペースで書くことは基本的にありません。書く題材も、書くために必要なステップ（段階）をどのように踏むかも各人が選択します。この段階について興味のある方は、「WW便り、作家のサイクル」を検索してください。読むときのサイクルとあわせて見ることができます。読み書きの教育でもっとも大切なことは、これらのサイクルを自分で回せるようになることです。そうしないと、自立した書き手や読み手になれないからです。

あるいは、選択したことが学ぶ助けになったのかと考えると同時に、学びの深さについても振り返ってもらうのです。

・「授業中によい選択をしたと思いますか？　水のサイクルに関するどのような情報が、あなたの学びにおいて助けになりましたか？」
・「今日の学習でうまくいったことは何ですか？　明日の目標として何を設定しますか？」
・「学び手としてのあなたにとって、今日の選択はよかったですか？　それは、あなたの学習目標を達成する助けになっていましたか？　次は、どのような目標に焦点を当てますか？」

生徒が振り返るのを助ける仕組みと方法

生徒たちによい選択をしてもらうためのサポート方法がたくさんあったように、学んだことを振り返るために役立つ方法もたくさんあります。実のところ、よい選択をするために使った方法（パートナーとの話し合い、ジャーナルに書く、静かに振り返るなど）は、生徒たちが振り返る際にも使える方法なのです。加えて、「選ぶ」段階と同じように、「振り返る」ために割く時間は作業に費やす（＝「やってみる」）時間と比例します。

六〇分の読みの授業で、一〇分間のミニ・レッスンと四五分間の「ひたすら読む」という時間があったとします。そのときの振り返りには（つまり、残り五分間）、ミニ・レッスンで扱った内容を練習するのにもっとも適した本はどれかを選ぶために二分間費やし、三分間で、学んだことと本の選択が学びに貢献したのかどうかについて振り返ります。

一方、六週間にわたる技術の単元において多様な構造物をつくったり、テストをしたりするときは、構造について数日間学ぶところからはじまって、それぞれの生徒がもっとも面白いと思った構造を選択して取り組み、最終的に一日か二日をかけて、作品と学んだことについての振り返りをして終わるようにします。

簡単に短く「選択する学び」を振り返る方法

次に紹介する簡単で短く「選択する学び」を振り返る方法は、第6章の同じセクション（選ぶのリスト）に加えることができます。

グーからパー

生徒たちは片手を使って（0から5までの六段階）、自らの取り組みのレベルを評価します。

「グーからパーまで、片手の指を使って今日あなたが行った取り組みがどうだったのかについて示してください。グーは『まったく努力をしなかった』です。パーは『限界まで頑張った』ということです」

出口チケット

授業の最後の数分間、カードに自分の取り組みを振り返って、一つか二つの文章を書いてもらいます。たとえば、生徒たちは次のような投げかけに反応する形で書きます。

「次の文章に賛成するか反対するかを書き、その理由を書いてください。『私が今日した選択は、自分の学習目標を達成する助けになった』」

同心円

内側の円と外側の円の人たちが対面する形で、同心円になって生徒たちが立ちます。そして、次のような質問に答え合います。

「今日の取り組みで自慢できることは何ですか？」

一～二分後に、その円を少し回して異なるペアとなり、次の質問に答え合います。

「明日、取り組むときの目標は何ですか？」

ツイート

生徒たちに、振り返りの質問に一四〇字以内で答えてもらいます。それが書き終わったら、テーブルに座っているグループ（三〜四人）と見せ合い、最後に教師がチェックするために提出をしてもらいます。

親指が上、下、横

生徒自身が、自分の考え、取り組み、努力などについて親指の方向で示します。上が高くて、下が低いことを示します。親指は、その間ならどこを指してもいいです。

三つ－二つ－一つ

次のような教師の投げかけに生徒が答えます。

「よかったこと三つ、二つの質問、一つの改善点を書いてください」

二つのバラと一つのトゲ

二つのうまくいったこと（バラ）と一つの改善できること（トゲ）を生徒に選んでもらい、それらについて簡潔に書いてもらいます。

より複雑で長い選択肢を振り返る方法

長期的でより複雑な選択肢を選ぶ場合には、より深く、複雑な振り返りの方法が必要となります。時には、長いプロジェクトの期間中に、定期的な振り返りを計画したほうがよいかもしれません。たとえば、チェックリストを使って個別プロジェクトの進捗状況を生徒が確認していると き、チェックリストの特定スペースに、数日おきに自分の言葉で振り返りを書いてもらうという方法がいいでしょう。

もちろん、このような継続的な振り返りを行ったときも、より充実した振り返りをプロジェクトの最終段階で行うことによって、達成したことに対する自尊心を高めたり、学びを深めることにつなげていきます。以下に紹介するのはそのための方法です。

ルーブリック

ルーブリックには、次のように最終成果物や到達目標の姿しか含まれないことが多いものです。

「私の作品には、文章の基礎的な要素である導入部・中間部・結末が含まれている」
「私の物語では、新しくかつ難しいスペイン語の語彙を使っている」

そうではなく、学習過程に関するものも含めることを考えてください。たとえば、次のようなものです。

「私はZPD（四五ページの訳注を参照）で取り組むことができていた」

ナラティブ（物語を語るように振り返る）

プロジェクトの最後に、一人ひとりに振り返りの文章を書いてもらってください。生徒たちが、振り返りの三要素（選択の有効性、学んだ内容、今後の目標）すべてに触れるかもしれません。

ビデオ・ブログ

生徒たちの振り返りを、取り組んだことを通して自分が学んだことや学び手としての自分についてビデオ撮影することも考えられます。とくに、最終的な成果物をオンラインで表示する場合は、このビデオ・ブログがそれにぴったりマッチします！

振り返りのための選択肢を提供してサポートする

時には、特定の振り返りを難しいと感じる生徒がいるかもしれません。その場合には、自分にあった振り返り方を選べるようにすることで、より意味のある振り返りが可能となります。たとえば、生徒に二つの種類の出口チケットを提供するのです。

「今日の活動を通して学んだことを一つか二つ書いてください。それを、ツイートかマンガを描くかのいずれかで行います」

誤解のないように言うと、いまはまだすべてのプロセスで振り返りを行うときではありません。もちろん、あなたは生徒たちによく考えた選択をしてほしいと思っていることでしょう。たとえば、次のような問いかけです。

「どんな種類の出口チケットが、自分の考えを書き出すのに効果的だと思いますか？」

また、やるべきことを完成してほしいとも思っているでしょうが、生徒に「振り返り」自体を振り返させることはおすすめできません。たとえば、次のように言ってしまうと、生徒たちにとってはまだ荷が重すぎると言えます。

「振り返るために自分が使った方法について考えてみてください。振り返りの方法は、学び手としてのあなたをどのように助けましたか？」

シェア（共有）することは振り返りか？

よく教師から尋ねられる質問に、「共有することは振り返りですか？」というものがあります。

たとえば、生徒たちがひたすら読んだあとに、教師が本についてパートナーと紹介しあうように投げかけたときです。あるいは、実験の最後に生徒たちが実験の要約を口頭で発表したり、個別の探究プロジェクトの最後に自分のプロジェクトについて隣のクラスの生徒や保護者などといったより多くの対象者に向けて発表したときです。これらは「振り返り」と見なせるのでしょうか？　それは、時と場合によります。質問の形で答えましょう。

「共有することが、生徒たちの振り返りに役立ちますか？」

ほとんどの場合、生徒がパートナーかクラスと共有するときは、振り返りではなく自分の作品を紹介することに焦点を当てられています。実際、共有することは、互いの作品の特徴など、他者による振り返りをしばしば促します。それは決して悪いことではありません（ほかの人が学んだことを聞くことでたくさんのことを学べますから！）が、自分の作品やプロジェクトについて振り返ることとは違います。

結局のところ、「振り返り」の段階でもっとも大切なことは、生徒がよりメタ認知的になれるようにすることです。つまり、学び手として、自らのことをより理解することです。作品などについて共有しあうことは、学習内容についてより覚えられたり、クラスメイトに教えられたりといったように多くの効果がありますが、生徒自身の思考を深めることを助けるためには、共有のなかに「振り返り」の要素を明確に含めるべきです。たとえば、次のような言い方です。

「あなたが選んだ本について、簡単に紹介してください。そして、同じような本をまた選択するのかということについても話してください」

あなたは生徒に、次のような振り返りを促すことで教えることが可能となります。

「このプロジェクトで、難しいと思ったことはどのようなことでしたか？」

しかし、この種の質問は、答える側が強制的に言わされていると感じることもありますので気をつけたほうがよいでしょう。実際、この種の質問がよく使われていますが、機能するためにはたくさんのコーチングと練習が生徒たちには必要となります。

まとめ

五月も終わりです（年度末間近）。[6] 私のクラスの五年生たちは、ルイス（Meriwether Lewis）とクラーク（William Clark）の探検に基づいた映画を完成させました。それぞれの生徒は、プロジェクト全体の異なる部分を担当しました。そのなかには、選択したところもありますし、教師に課された部分もありました。

生徒たちは、脚本／台本を書き、景観と衣装をデザインし、役割を練習しました。そして、保護者を対象とした最初の試写会を開催したのです。次の日、私たちはそれぞれが達成したこととプロジェクト全体について、振り返りのアンケートに記入しました。その回答を見ると、取り組んだことや学んだスキルのほか、もし来年も同じプロジェクトをするときの改善点などについて、生徒たちが興味深い考えをたくさんもっていることが分かりました。

私もアンケートに記入しました。教師として、クラスとして取り組んだことと自らの実践について振り返っておきたかったからです。実践したことで、「よかった点は何か？」とか「改善できる点にはどんなことがあるか？」などです。

生徒たちが振り返りを通して成長し、学ぶように、私たち教師も成長し、学ばなければなりません。それが、教師が選択肢を提供する三つのステップの最後となる「教えるプロである教師の振り返り」です。これについては次章で扱うことにします。

（6）　この二人のアメリカ人が率いた探検隊が一八〇四年～一八〇六年にミシシッピ川以西を調査して、地図作製や動植物・アメリカ先住民の調査を行ったことを指します。

第9章

教えるプロである教師の振り返り

教えることに関する私のお気に入りの一冊として『サミーと問題行動（*Sammy and His Behavior Problems*）』（未邦訳）があります。この本で、三年生の担任であるカルサ・クロウ先生が、とくに問題行動を抱えた一人の生徒の一年間について綴っています。

サミーはかわいくて優しいのですが、時々、前触れもなく激怒します。彼は頭がよくて創造的なのですが、クラスでしていることよりも独自のプロジェクトのほうに熱中してしまいます。また、是が非でも友だちがほしいと思っているのですが、友だちをつくって、その関係を維持することで苦労しています。

クロウ先生が著したこの本は、教室で問題行動を起こすなど、苦労している生徒たちの助けとなる素晴らしい内容が、具体的に、親切でサポーティブな方法としていっぱい書かれています。しかし、これがこの本を好きな私の理由ではありません。

大好きな私の理由は、本のなかに散りばめられているクロウ先生自身の日記の抜粋です。彼女

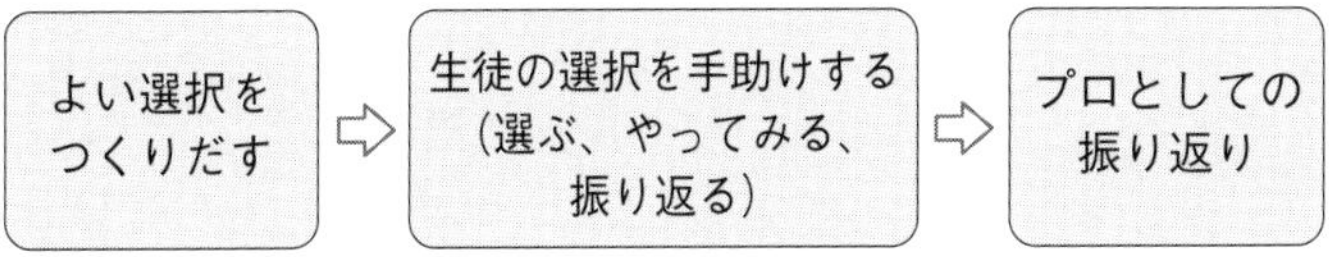

が提供してくれている方法の数々はもちろん素晴らしいものですが、方法の背景にある考え方を紹介している部分こそが、この本における真の宝物と言えます。彼女の日記から抜粋されたものを通して、めったに得るチャンスがないであろう、熟練教師の素晴らしい思考プロセスを読者は垣間見ることができるのです。

そのなかには、どのようにして自分の実践を磨いているのか、問いを発しているのか、次のステップや方法についてどのように考えているのかなどが含まれています。彼女が成功したことを祝っているところも、失敗に悩んでいるところもあなたは知ることができます。参考までにその一部を紹介しましょう。

> 日記から（一月一二日）、気をつけないと現状に満足しきってしまうことが私の敵になってしまう。九月と比較すると一月は、サミーはたくさんの成長を遂げている。この成長は当たり前と思いがちだが、彼の頻繁な成功を祝ってあげなければならないと思っている。
>
> 彼の自制心はまだ弱い。彼が以前の古い行動パターンに戻ってしまうのは容易だろう。私のサポートが、彼の新しい行動パターンの支えとして役立っている。私はホッと胸をなで下ろして、「これで、もう十分」と言って次の

ことに焦点を当てたいという衝動に駆られても我慢をしなければならない。もし、そうしてしまったら、彼の努力は無に帰してしまうことが分かっている。（参考文献６参照）

クロウ先生のような卓越した教師は、徹底して思慮深いものです。自らの実践（何はうまくいっており、何が修正できるのか）を考える続けることが、プロの教師として私たちが成長し続ける方法なのです。そうすることで、何は維持し、何を修正し、何を捨て去るのかが明らかになります。

時には、意図的な振り返りを行うことで、無意識にある方法を使っていたことに気づき、直観的に使っていた方法を明らかにし、より意図的に使いこなせるようになることもあります。経験を通して改善し続けることが、生徒たちを最高の学びに導き、自らの仕事に対する情熱を高く維持する一番の方法なのです。したがって、あなたが提供する選択肢と、生徒たちが取り組む学びのプロセスをあなたがどのように促進するのかについて振り返ることが、教師自身の三つのステップにおける重要な最終段階となるわけです。

振り返りを効果的に行う際は、本章で扱う次の二つの問いについて考えてみてください。

「あなたがもっとも大切なことに注目し続けるために、何について振り返ればよいのか？」

「忙しい教師として日々過ごすなかで、どのような振り返りの方法が効果的か？」

何について振り返るべきか

私が知るかぎり、教師が何を振り返って、何を振り返ってはいけないという厳しい規則はありません。しかしながら私は、時に無意識に特定のこと（たとえば、不満を抱いている保護者からの電話）に必要以上の時間をかけすぎていたり、ほかのこと（たとえば、課題として出した宿題が生徒たちの学びの助けになっていたのか否か）について十分な時間をとって考えていなかったということもあります。

これまで紹介してきた流れに沿って、選択肢を提供した授業、活動、あるいは単元の最後に考えることが重要となる振り返りのカテゴリーを、以下において三つ提案します。それらは、あなたの学びと成長をもっとも助けることになるでしょう。

生徒の学び

あなたが考える際にもっとも重要なカテゴリーが「生徒の学び」です。生徒たちは学んだのでしょうか？　どのくらいうまく学べたでしょうか？　選択肢を提供したことは、生徒がよりよく学ぶことを助けたと思いますか？　どの選択肢が一番よかったでしょうか？

クリスティンと太陽のプロジェクトについて考えたとき（第5章の冒頭）、提供した選択肢が彼女の学びには貢献しなかったことに気づきました。ほかの生徒たちは、自らの学びの助けとなる選択肢（惑星の縮尺図や、火星の表面を歩く架空の物語について風景を説明しながら書くなど）を選んで学んでいましたが、クリスティンの場合はそうではありませんでした。さらに検討を進め、プロジェクトと学習内容との関連があったことを確かめるために、選択肢には含まれていなかったのに生徒たちが取り組みたがったプロジェクトに注意を払うことにしました。

別の場面では、選択肢を提供したことがどのように助けになったのかについて見ました。掛け算を練習するために、生徒たちはフラッシュカードを使うか、繰り返し書くか、スキップカウント[1]で練習するといったものから選びました。スキップカウントで練習した生徒が、あとで複数桁の掛け算の問題に取り組んでいた様子を見ています。彼は素早く7の倍数を数えて、7×6の答えも出していました。彼は、自分なりに役立つ方法を見つけていたのです。

とくに、選択肢を提供する学びにおいては、生徒の学びについて次の質問をしてください。

「すべての生徒が学べましたか？」

一人ひとりの生徒がより熱中して学べるように助けることが選択肢を提供する主な目的ですので、この質問はとくに重要となります。

教室にいる全員が分数の掛け算を学んでいました。すべてのレベルの生徒が、自らのZPD（発達の最近接領域）で取り組めましたか？[2]　どの生徒が自分をいかせており、誰が追加のコーチングを必要としているでしょうか？

最後に、学び手となるための知識がどの程度身についたかについても質問してください。生徒は自分が選んだ選択肢を通して、自分自身について学べていたでしょうか？　自分の作品を振り返っているとき、振り返りやメタ認知のスキルを練習していたでしょうか？　生徒は、どうしたらよりよい学び手になれるかについて学んでいたでしょうか？

生徒の取り組みレベル

学びにとても関連する（そう期待します！）のが、生徒の取り組みレベルです。生徒はどれだけ打ち込めていたでしょうか？　彼らは単にやっているふりをしていただけ、つまり「授業ごっこ」をしていただけでしょうか？　それとも、自分がしていたことに本当に深い関心をもってい

（1）これは、「2の倍数の数だけを数える」「5の倍数の数だけを数える」という方法です。

（2）「一人ひとりの生徒をいかす」ことに関しては、『ようこそ、一人ひとりをいかす教室へ』にその理論と実践が分かりやすく書いてあるので参考にしてください。

たでしょうか？　活動終了を告げたとき、彼らは驚いたでしょうか？　ワークタイムが終わりのときに不満の声を上げたでしょうか？　誰かが「もう少し時間をください」とねだったでしょうか？　どのような選択肢をもっとも試したがり、選ばれなかった選択肢はなんだったでしょうか？　熱心に取り組める選択肢を選んだのが誰で、今後、自分にぴったりの選択肢を選ぶのに追加の助けを必要としているのは誰でしょうか？

生徒たちが自らのレベルにあった課題に取り組み、それが楽しくかつ満足できると思ったとき、教室の雰囲気は間違いなく楽しいものとなります。教室にはざわめきが生じ、生徒たちの声は明るく、精力に満ちたものとなります。

選択肢を提供することの主な目的は、生徒たちが適切にチャレンジできる活動を見いだし、同時に彼らの興味関心と強みを活用することによって取り組みレベルを向上させることです。この点も、振り返るために重要な視点となります。

生徒たちが喜んで選ぶだろうと思った選択肢を提供したのに、まったく無視され、選ばれなかったということも体験しました。その反対のケースもありました。誰も選ぶ者がいないだろうと思っていた選択肢が、結果的にもっとも人気を集めたのです。なぜそんなことが起こるのでしょうか？　特定の選択肢が反響を呼ぶのはどうしてでしょうか？　そして、受け入れられなかった選択肢は何が理由だったのでしょうか？

運営

選択肢を提供した授業における、あなたの運営全体についても振り返ってください。生徒たちは効率的かつ効果的に選択できましたか？ 彼らには必要な資料や材料がありましたか、そして彼らは、活動中に教室の整理整頓をしていましたか？ 必要とされる個人や小グループに対してあなたがコーチできるように、ほかの生徒たちは自立的な作業ができていましたか？ 生徒たちは、「適切に選ぶ→やってみる→振り返る」という時間をもてましたか？ 今回の取り組みのどの部分が円滑に進み、問題があったのはどこでしたか？

たとえば、生徒たちは選択肢をよく考え、しかも素早く選ぶことができましたが、活動をする場所を見つけるのに時間がかかってしまったかもしれません。次の機会に、あなたはどのように変更して進行しますか？ よい授業運営をするためには、生徒がコントロールする以上に大事なことがあります。それは、ほとんどの時間、生徒のエネルギーを学びに打ち込めるという学習環境をつくりだすことです。

どのように振り返るべきか

実践に磨きをかけるには、思慮に富んだプロの教師としての振り返りが必要なことを誰もが知っています。課題は、振り返る時間を見つけることと、それを効率的かつ効果的に行うための仕組みを確保することです。

まず、課題やプロジェクトに使う振り返りの時間は取り組んだ深さと広さに比例すべきだ、ということについて考えてみてください。三〇分の活動のあとにあなたは、廊下を歩きながら「う～ん、あれは結構うまくいった。ほとんどの生徒は私が提供した三つの選択肢を好み、そして打ち込んでいた。数人は最後のほうで落ち着きを失っていた。次回は、もう少し動きのある選択肢を見つけよう」と考えることでしょう。

それに対して、学期を通して実施した、教科を横断したコミュニティー・サービスのプロジェクト（一七七ページ参照）のあとであれば、同僚たちと数時間わたって成功したこととともに課題を出し合い、生徒からのフィードバックも共有し、次年度のためのアイディアを図にしたり、記録に残したりするはずです。

以上のことを念頭に置きながら、選択肢を提供する授業の仕方についての効果と効率性を振り返るための具体的な方法をいくつか検討していきましょう。

生徒の成果物（作品）

生徒の学びと取り組みの効果を振り返るもっともよい方法は、生徒の成果物（作品）を見ることです。[3] たとえば、生徒たちが個人的なストーリーの下書きをはじめた「ひたすら書く時間」の最後に、付箋を使って今日書いたところが全員に分かるように示してもらうのです。そうすれば、約五分間で生徒たちの作家ノートをめくって、彼らのでき具合を確認することができます。

生徒たちはどのくらい書いたのか？　全員が書きはじめられるテーマをもっていたのか？　ほんの少し眺めた判断として、最初の下書きのでき具合はどうだったのか？　明日、必ず支援したい生徒はいるか？　などについて考えながら生徒の作家ノートをチェックして、翌日の書く時間において小グループを形成します。

時には、生徒の作品を振り返るのには時間がかかると思いがちです。とくに、一般的な傾向や

（３）逆に言えば、生徒の成果物（作品）ができない授業を続けている（講義や板書などです。またテストも成果物とは言い難いです！）ということは、生徒の学びや取り組みのレベルについて振り返れない／評価できない授業をしていることになります。大きな問題です。

テーマについて日々の作品の進捗状況を見るときは、あなたが焦点を当てたいところにメモを書いてもらうという方法を考えてもよいでしょう。たとえば、生徒たちが多様な問題を練習していた授業の最後に、次のようにアナウンスするのです。

「みなさん、緑色の鉛筆を持って、自信があった問題に丸をつけてください。あなたがほぼ確かだと思うものです。赤の色鉛筆を使って、疑わしいものに丸をつけてください。つまり、あなたが困難を抱えていたか、正解かどうかが分からないものです」

このやり方だと、自分がしたことを生徒に振り返るチャンスを提供していると同時に、彼らの学びと成長について教師が振り返る時間を削減することもできます。

自分を省みる

教師自身が振り返るために使える方法はたくさんあります。もっとも大切なことは、使い勝手のよいものを見つけることです。理想的には、その方法が自分の考えについて（再考するために）記録に残せることと、それを踏まえて将来の実践を修正するために役立つ情報を提供してくれることです。

ジャーナル

クロウ先生が行っていたように、ジャーナルをつけることができます。それは、あなたの思考と振り返りを自由に記述する方法（フリー・ライティング）か、次のような質問に答える形のいずれかでできます。

「今日、うまくいったことは何か？」

「今日、改善したいと思ったことはあるか？」

書くときは、毎日決まった時間を確保するようにしましょう。たとえ毎日一〇分の書くことを通した振り返りでも、たくさんの強力で豊かな発見や情報が提供されます。

自己内対話

私のお気に入りの方法は、自分のなかで対話をすることです。原則として、これは声を出さずに頭の中だけで行うのがいいでしょう（とくに公共の場では）。とはいえ、車を運転しているときに声を出していることに気づいたこともあります（通りかかった人たちは、私が携帯電話で話していると思ったことでしょう）。

ジャーナルと同じように、ある程度の決まった時間を確保することが大切です。たぶん、エクササイズをしているときや、通勤の途中に自己内対話をするのがよいでしょう。あるいは、お昼休みの空き時間にするほうがよいかもしれません。

このような場合、頭の中で考えることが中心となりますが、思考はすぐに忘れてしまうという弱点がありますので、覚えておきたいことについては、手早くメモが取れるようにしておいてください。

ブログ

何人かの熱心なブロガーを私は知っています。彼らはみんな同じことを言います。彼らは、自分が書いたブログを共有する（他者に向けて発信する）ことが好きなのです。しかし、彼らがブログを書く主な理由は、振り返りと自らの成長にあります。

もし、あなたが選択肢を提供する授業において、より頻繁に、そして意図的にワクワクしたいのなら、自分自身の（学び／成長の）旅を紹介するブログをはじめるというのはいかがでしょうか。そこに、あなたの課題、成功、発見したこと、疑問などについて、共有できる書き込みを週に一回ぐらいの割合で書くのです。

この方法は、確実に安定した継続的な振り返りの枠組みを提供してくれると同時に、振り返ったときに自らの傾向と成長も示してくれます。

協力して振り返る

私は常に、ほかの誰かと振り返ることでより深く学ぶことができています。誰かと考えを共有するために、自分の考えを明確にしたり、ほかの人の考えに対して質問をしたり、その人の経験や視点を聞いたりすることで、よりパワフルに振り返ることができるのです。

協力して話し合うことには、ある程度のアカウンタビリティー（結果責任）が伴います。同僚と思考やアイディアを共有すると、知らず知らずのうちに前進して、新しいことにチャレンジすることが容易になります。(4)

同僚に観察してもらう

授業ないし、見てもらいたい学習活動を観察してもらい、フィードバックを同僚に依頼します。

「私が提供した選択肢についてどのように思いましたか？」

「生徒たちの取り組みのレベルを、あなたはどのように思いましたか？」

（4）翻訳協力者から、「これが『対話的な学び』の目指すところであり、学習効果であると言えます。子どもたちが強制的ではなく、必要なときに『対話』を選択し、用いることのできる授業デザインが必要です」というコメントがありました。この人は生徒を念頭に置いて書いていますが、学習者なら誰についても言えることです。

同僚の参観を気軽に／インフォーマルに行うことで、教えているところを誰かに見られているという不安感が小さくなります。またそれによって、時間をつくることにも役立ちます。少しの努力で、五～一〇分の時間はなんとかひねり出せるものです。

チームをつくって話し合う

共通のテーマについて何人かの教師が協力して取り組むと、素晴らしい協働的な思考が起こります。選択肢を提供する授業を意図的に実践するためにチームで取り組んだことがありますが、それぞれの実践について一緒に振り返ったとき、解き放たれた創造性のパワーにいつも驚きました。時には、学年レベルのチームが共通のプロジェクトを一緒に実践し、素晴らしい協働プロジェクトのアイディアを考え出すこともあります。

そう言えば、多様な教科と学年を教えている同僚と協力することで恩恵を被っている様子を見たことがあります。教科にあまりこだわらないことが同僚たちの思考を自由なものにし、より創造的な考えを生み出す要因となります。

オンラインの仲間づくり

選択肢を提供することについて振り返る方法の一つとして、想いを同じくする仲間とつながるための「オンライン」があります。これ以外にも、学校の同僚やほかの学校の仲間、または特定の人だけが参加できるフェイスブックのグループなどもつくれます。

あるいは、選択に関する実践について、毎週一回ツイッターでチャットする（やり取りをする）グループを見つける（つくる！）ことも可能です。多様な地域の仲間とつながることで、異なる疑問や課題について振り返ることが可能となります。

生徒たちに尋ねる

高校で教えているリズ・オルブリック先生は、学期を通して、家庭学習として取り組んだ映画と映画産業に関する探究プロジェクトを終えたところです。それは、授業の内容とテーマを補強する、多様なオープンエンドの選択肢を提供する形で行われました。

オルブリック先生は作品の質に感心したので、プロジェクトについて生徒たちの意見を聞くことにしました。多くの生徒が取り組みを楽しんだと言い、数人が、理解しやすくするためにガイドライン（指示）を少し短くしたほうがよいと提案していました。つまり、生徒たちとのやり取りを通して、自らの実践を新しいやり方で振り返ることができたわけです。生徒たちは、プロの教師としての成長にとってもっとも重要な情報源かもしれません。彼ら以外に、あなたの教え方の強みと弱みについてよく知っている人はいませんから。

まとめ

教育に関係していない私の友人に、よい教師にとってもっとも大切な資質は何かと尋ねられたとき、私はいくつかの答えを思い浮かべました。

よい教師は、親切で、サポーティブで、スマートで、思いやりがあって、そして何よりも生徒たちと一緒にいることから計り知れない喜びを感じるものです。しかし、ある資質を述べたとき、そんなことはこれまで考えたこともないかのように、意外そうな表情をされました。それは、卓越した教師は素晴らしい学び手だ、ということです。

あなたは、フットボールのことを知らないフットボールのコーチや、自分では踊らないダンスの指導者をイメージすることができますか?

ピーター・ホール（Pete Hall）とアリサ・サイメラル（Alisa Simeral）は、『教えて、振り返って、学ぶ（*Teach, Reflect, Learn*）』（未邦訳）という本のなかで次のように書いています。

> 成長、改善、進歩、発達は、一晩では起こりません。それらは通常、偶然には起こらないものです。意図的で、計画的で、意識的な努力と、熟考の結果なのです。（参考文献14参照）

意図的な振り返りを通して、生徒たちと一緒に選択肢を提供する授業を行うたびにあなたは成長し、学び続けることができます。

おわりに

変化の時代には、学ぶ者が地上を受け継ぐ。それに対して、学んだ者は、もはや存在しない世界に対して完璧なまでに備えている己を見つけるであろう。

エリック・ホッファー(1)

右の引用文は、私が大学を卒業し、最初に教えた小学校の入り口に吊るされていました。教師生活の最初の六年間、毎朝、私は教育の真の目的を思い出させてくれるこの文章に迎えられていました。いろいろな意味で、私は選択肢を提供することが、生徒たちを真の学び手として成長させるための助けとなる、もっとも重要な方法であると位置づけています。

ここでいう「真の学び手」とは、自らの学びに責任をもち、学び手としての自らを理解し、取り組むことに個人的な関連やチャレンジ、そして楽しみを見いだす必要について分かっている人のことです。生徒たちをエンパワーし(力づけ)、彼らが学び方について学ぶことをサポートし、意味のあるキャリアを見いだし、残りの人生を通して成長するとともに学び続けることを楽しめる人々を育てるために、私たち教師はサポートすることができるのです。

本書をここまで読んでこられたあなたなら、選択肢を提供することの有効性について同意してくれることでしょう。しかし、その方法をどこからはじめたらよいのかと、少し怖じ気づいてしまうかもしれません。この方法は、すべての教科領域のほとんどの場面で使えますから、その選択肢の多さには圧倒されてしまうこともあるでしょう。そのことを念頭に置いて、あなたがスタートを切るための提案をいくつかさせていただきます。

選択肢を提供することが初めてなら、小さくはじめる

この体験をあまりしていない生徒には十分な足場（サポート）が必要であるのと同じように、自分に対してゆっくり進むという許可を与えてください。たとえば、生徒が活動に取り組むとき、一人でするかペアでするかの選択肢を提供するような形です。あるいは、これと同じようなレベルの簡単な選択肢を試してみるのです。

たとえば、グラフに色を塗るとき、クレヨンか色鉛筆かの選択肢を与えるのです。または、読

（1）（Eric Hoffer, 1902～1983）アメリカの独学の社会哲学者。訳は、http://blog.livedoor.jp/kadoo-wwrr/archives/51573411.html を参考にしました。「学ぶ者（学び手）」とはどんな資質をもった人のことを指しているでしょうか？　後者の「学んだ者」は「博学で、学問や教養のある人」という意味です。あたかもガリバーが立ち寄って、役立たずという烙印を押した博士たちのように。

む際に二つの記事を、あるいは練習に取り組む際に二つのワークシートを選択肢として生徒たちに提供するのです。

どのような選択肢を提供しようと、生徒には「選ぶ→やってみる→振り返る」という全部のプロセスに取り組んでもらい、どうなるか結果を見てください。そして次の日には、同じか、似たような選択肢を試してみるのです。そして、さらに試します。並行して、自分に対しては、教師の三つのステップのプロセス（よい選択をつくりだす→生徒の選択を手助けする→プロとしての振り返り）を行い続けます。

選択肢を提供することに慣れているなら、今までとは違うものやより複雑な選択肢に挑戦する

あなたは、すでに生徒たちが学ぶときに選択肢を提供しているかもしれません。もう少し複雑なものにチャレンジしてみるために、どのようなことができるでしょうか？

生徒に対して読む本の選択肢をすでに提供している三年生の教師であれば、算数で選択を提供することに挑戦できるかもしれません。また、すでに探究のテーマを選ばせて、すべての生徒に同じプロジェクトをつくらせている七年生の社会科教師であれば、ブレインストーミングをクラス全員で行い、異なる種類のプロジェクトをつくりだすためのアイディアを出し合うことができるかもしれません。

さらに、授業で選択肢を提供している高校の数学教師であれば、生徒自身のニーズとスケジュールを満たすための練習用の課題を探しながら、それを宿題として生徒たちに選ばせるという実験を試みてもよいかもしれません。

すでにたくさんの選択肢を提供しているなら進め方において改善を図る

一日を通してたくさんの選択肢を提供しているかもしれませんが、よりよい選択をするためや、活動のあとに学んだことを振り返るための時間については確保していないこともあります。また、あなたが提供した選択肢は、ワクワクしなかったり、学習目標からは離れていると気づいているかもしれません。もし、そのような場合は、生徒にしっかり身につけてほしい学習内容、生徒たちの特徴、そして時間・場所・教材などにマッチする、よりよい選択肢を考え出すことに焦点を絞るとよいでしょう。

また、もしかすると、いま提供している選択肢は不自然なものと感じているかもしれません。選択肢を提供しているのに、頭のどこかでそれをすべきではないと考えていることはありませんか？　選択肢は、意図的に使われてこそ価値のあるものだということを忘れないでください。

なぜ、あなたは選択肢を提供しているのですか？　一人ひとりをいかすことで取り組みのレベルを引き上げるためですか？　あるいは、生徒の興味関心、ニーズ、強みなどと関連づけるためですか？　選択肢を提供することは目的を達成するための手段であって、それ自体は目的でないことをよく覚えておいてください。

選択肢を提供するときには、効果を引き上げる方法を考え続ける

あなたが選択する学びを取り入れたばかりだろうと、長年にわたってこの学習方法を使用してきたとしても、生徒がよりよく取り組めるように助ける方法は常にあります。生徒たちが安心して取り組みがいのある選択肢を選ぶために挑戦し、よりよい学び手のコミュニティーをつくり続けるにはどうしたらよいでしょうか？　取り組んでいることに対してオウナーシップを高めるためにはどうしたらよいのでしょうか？

その答えは、生徒たちがやりたいことを行っており、教師のものではないということを意味します。どのようなメタ認知のスキルが、生徒たちがよりよい選択をするために役立つでしょうか？　生徒たちが学び手としての自らをよりよく理解できる振り返りのスキルとはどんなものでしょうか？

そして最後に、生徒たちに対して選択肢を提供するもっとも大きな効果の一つは、利己的なものであるということを覚えておきましょう。生徒たちがより熱心に学びに取り組んでいるとき、

彼らがより多くを学んでいるとき、クラスに活気があり、安心・安全で楽しい学習環境にあるとき、そして生徒たちが毎日学校に来ることを楽しみにしているとき、そうしたときこそ私たち自身が何よりも楽しんでいるということです。

私たちは、生徒たちを素晴らしい学びに導くことによって計り知れない満足感と喜びを見いだします。そして、その過程において、なぜ教えるという職業に自分が就いたのかについて思い出すことができる、より多くの瞬間を体験することになるのです。

訳者あとがき

学校を卒業する生徒たちには、自発性、創造性、自立性、忍耐力などを身につけた社会人となることが期待されていますが、授業を通して、それがどれほど実現できているでしょうか？　この問いに対して、著者のエンダーソン氏は次のように言い切っています。

「これらは、画一性と従順さを基調にしたような環境では決して身につけることのできない資質です。学ぶ際により多くの選択できるだけの機会をもっていれば、彼らは自分にあった学び方で、より熱中して取り組むことが可能となります。その過程で彼らは、生涯にわたって学び続ける学習者に必要とされるスキルと習慣を身につけることができるのです」（viiページ）。

退屈している生徒、苛立っている生徒、学力が伸びない生徒を助けたいと思っている教師は少なくありませんが、そうした切実な問題を克服するための情報は提供されているのでしょうか？残念ながら、我が国においてはあまり提供されているとは言い難い状況が続いています。エンダーソン氏は次のようにも言っています。

「今日のような教育環境のなかでこそ、これまで以上に『生徒（学習者）が選択する学び』には意味があり、大事だと私は主張します。ほとんどの生徒が、これまで以上に多様で複雑なニーズと能力をもって学校にやって来ています。彼らは異なるからこそ、一人ひとりにとって意味のある形でスキルや学習内容を身につけたり、学んだりするチャンスを必要としているのです」（viiページ）

選択肢が提供されることは、生徒たちに蔓延する無関心への対処法としても効果的です。選択することによってコントロールとパワーが生徒たちに提供されるので、エンパワーされます。そのような授業をする教師も、もちろんエンパワーします。本書には、そのプロセスが極めて分かりやすく、かつ実践に移しやすい形で書かれているので、選択する学びのパワーをすぐに感じることができるでしょう。

そして、教師である日本の読者は、多様な学年や教科を対象に紹介されている事例を参考にしながら自らの実践にいかすことで、学ぶことが好きになる生徒を育て、結果的に学力だけでなく、さまざまな人間力も向上できるという授業に転換することができます。

なお、生徒たちにとっては、選択する学びによって自らをいかす方法（self-differentiation）を見いだすことになりますので、練習する方法としては最適となります。一人ひとりの生徒をいかすのは教師の役割と思いがちです（『ようこそ、一人ひとりをいかす教室へ』も、そのような考えのもとに書かれています！）が、より大切なのは生徒自身が自らのニーズや強み、そして興味関心に基づいて考え、判断して主体的に行動できるようになることです。その際、自ら選択できる能力が鍵を握ることになります。

本書を書く前提として著者は自分の信条も明らかにしていますが（ix〜xページ）、とても魅力的な内容となっています。単に教科書をカバーすることで満足してしまうのではなく、信条やこだわりをベースにして実践をつくりあげているか否かは、生徒たちの学びの質と量を決定づけますから極めて重要と言えます。私が過去二〇年にわたって紹介している「学びの原則」（ブログ「PLC便り」の二〇一三年八月四日号で読めます）とも比較しながら、ぜひあなた自身の信条／原則を明らかにしてください。

さらに本書では、選択する学びを実現するための多様な具体例が豊富に紹介されているだけでなく、理論づけもしっかり行われています。発達の最近接領域（ZPD＝自分が一番よく学べるゾーンに入れることが大切）や、モチベーション／やる気の研究（自己決定理論）などが選択肢を提供する学びをしっかりと裏づけています。

なお、ZPDもやる気も一人ひとり異なりますから、全員に対して同じことを同じペースでさせる一斉授業のアプローチは効果的ではありません。選択肢を提供して自分にピッタリのゾーンで学んでもらうことが、やる気も自立性も高めることになります。

本書の「おわりに」で、著者は次のように言っています。

「いろいろな意味で、私は選択肢を提供することが、生徒たちを真の学び手として成長させるための助けとなる、もっとも重要な方法であると位置づけています。ここでいう『真の学び手』とは、自らの学びに責任をもち、学び手としての自らを理解し、そして取り組むことに個人的な関連やチャレンジ、そして楽しみを見いだす必要について分かっている人のことです。生徒たちをエンパワーし（力づけ）、彼らが学び方について学ぶことをサポートし、意味のあるキャリアを見いだし、残りの人生を通して成長するとともに学び続けることを楽しめる人々を育てるために、私たち教師はサポートすることができるのです」（三〇二ページ）

まったく、そのとおりだと思います。

実は、この本が出版されてすぐに読んだとき、邦訳をして日本の先生方に紹介する必要はないと私は思ってしまいました。この本のなかで繰り返し（vページや八ページなどで）登場している①リーディング・ワークショップとライティング・ワークショップ、②一人ひとりをいかす教え方、そして③探究学習（『たった一つを変えるだけ』や『PBL――学びの可能性をひらく授業づくり』と、右記のリーディング・ワークショップとライティング・ワークショップを算数、理科、社会科に応用するプロジェクト）についてすでに紹介してきたか、紹介の準備をしているものばかりだからです。

これだけでも十分だと思いますが、じつはさらにあります。④マルチ能力と学び方のタイプ

（『マルチ能力が育む子どもの生きる力』、⑤思考の六段階（『「考える力」はこうしてつける』）、⑥理解や読みの方法（『読書がさらに楽しくなるブッククラブ』の七六〜八〇ページ、『「読む力」はこうしてつける』、『理解するってどういうこと？』）、⑦評価の仕方（『テストだけでは測れない！』、『一人ひとりをいかす評価』『成績をハックする』）、⑧教師の言葉遣い（『言葉を選ぶ、授業が変わる！』と『オープニングマインド』）、⑨従来の読み聞かせ以外の三つの効果的な方法（『読み聞かせは魔法！』）、⑩読み物教材に代わるアクティブ・ラーニングの道徳の教え方・学び方（『人間関係を豊かにする授業実践プラン50』一九九七年）、⑪従来の国際理解教育に代わる開発教育（いまのＥＳＤ）、過去志向の人権や平和教育に代わる未来志向の人権・平和教育、校外教育やアウトドア教育に代わる教科と連動した環境教育（http://eric-net.org/）なども紹介してきました。これらの核には、すべて「選択する学び」が据えられているのです。

しかし、よく考えてみると、選択ベースの学びは私にとっては当たり前で極めて身近なのですが、それらの存在や必要性に気づいていたり、実践したりしている日本の教師はまだ少数でしかありません。私の力不足を痛切に感じてしまいますが、圧倒的多数の教師は、教科書を忠実にカバーすることが授業だと思って実践を続けています。たとえ、それでは自分自身が授業に打ち込めなかったという記憶をもっていたとしても、です。

ぜひ、「ＰＬＣ便り」（http://projectbetterschool.blogspot.com/）の二〇一九年三月一七日の

記事を読んでみてください。そして、最後に紹介されているおすすめの本に、本書を加えていただければ幸いです。それら三冊よりも、はるかに本書のほうが手軽に取り組めることをお約束します。

以上はすべて、生徒たちを対象に行う授業に関して述べてきました（実際、本書もそれを目的に書かれています！）が、教師を対象にした研修や研究においても選択肢を提供することが不可欠と言えます。逆に言えば、それがないからこそ、圧倒的多数の教師はよく学べていないし、結果的に授業がよくならない状態が続いていると言えます。

選択を提供する学びは、対象年齢に関係なく（小学一年生であろうと管理職も含めた教師であろうと）効果的なのです。生徒はもちろん、教師も一人ひとりの興味関心やニーズなどは歴然と違っており、全員が同じことを同じように学ぶということはあり得ませんから。ぜひ、教員研修・研究にも本書を参考にしてください（選択肢を提供する教員研修・研究に特化した本でおすすめできるほかの本は、『シンプルな方法で学校は変わる』、『「学び」で組織は成長する』、『効果10倍の教える技術』です）。

最後に、下訳原稿の段階で目を通して貴重なフィードバックをくださった大関健道さん、河北光弘さん、小滝正孝さん、菅野宣衛さん、冨田明広さんと、いつものように本企画を受け入れてくださり、ベストの形で読者に届けられるように最善を尽くしてくださった武市一幸さんはじめ新評論のみなさん、そして最後まで読んでくださったあなたに感謝します。

吉田新一郎

二〇一九年五月一日

・『一人ひとりをいかす評価——学び方・教え方を問い直す』C・A・トムリンソン他／山本隆春ほか訳、北大路書房、2018年
・『PBL——学びの可能性をひらく授業づくり：日常生活の問題から確かな学力を育成する』リンダ・トープ他／伊藤通子ほか訳、北大路書房、2007年
・『マインドセット学級経営』ヘザー・ハンドレー他／佐伯葉子訳、東洋館出版社、2019年
・『学びの情熱を呼び覚ますプロジェクト・ベース学習』ロナルド・ニューエル／上杉賢士ほか訳、学事出版、2004年
・『「学びの責任」は誰にあるのか——「責任の移行モデル」で授業が変わる』ダグラス・フィッシャー他／吉田新一郎訳、新評論、2017年
・『「マルチ能力」が育む子どもの生きる力』トーマス・アームストロング／吉田新一郎訳、小学館、2002年（絶版）
・『ようこそ、一人ひとりをいかす教室へ——「違い」を力に変える学び方・教え方』キャロル・トムリンソン／山崎敬人ほか訳、北大路書房、2017年
・『読み聞かせは魔法！』吉田新一郎、明治図書、2018年
・『ライティング・ワークショップ——「書く」ことが好きになる教え方・学び方』ラルフ・フレッチャー他／小坂敦子ほか訳、新評論、2007年（絶版）
・『理解するってどういうこと？——「わかる」ための方法と「わかる」ことで得られる宝物』エリン・オリヴァー・キーン／山元隆春ほか訳、新曜社、2014年
・『リーディング・ワークショップ——「読む」ことが好きになる教え方・学ぶ方』ルーシー・カルキンズ／小坂敦子ほか訳、新評論、2010年

田友紀ほか編訳、ミネルヴァ書房、2018年
・『子どもの心といきいきとかかわり合う――プロジェクト・アプローチ』リリアン・カッツ他／奥野正義訳、光生館、2004年
・『最高の授業』アレキシス・ウィギンズ／吉田新一郎訳、新評論、2018年
・『作家の時間――「書く」ことが好きになる教え方・学び方【実践編】（増補版）』プロジェクト・ワークショップ編、新評論、2018年
・『算数・数学はアートだ！――ワクワクする問題を子どもたちに』ポール・ロックハート／吉田新一郎訳、新評論、2016年
・『失敗図鑑　すごい人ほどダメだった！』大野正人、文響社、2018年
・『シンプルな方法で学校は変わる――自分たちに合ったやり方を見つけて学校に変化を起こそう』（『効果10倍の学びの技法』の増補改訂版）吉田新一郎・岩瀬直樹／みくに出版、2019年
・『成績をハックする――評価を学びにいかす10の方法』スター・サックシュタイン／高瀬裕人ほか訳・新評論、2018年
・『そらのいろって』ピーター・レイノルズ／なかがわちひろ訳、主婦の友社、2012年
・『っぽい』ピーター・レイノルズ／なかがわちひろ訳、主婦の友社、2009年
・『てん』ピーター・レイノルズ／谷川俊太郎訳、あすなろ書房、2004年
・『読書がさらに楽しくなるブッククラブ――読書会より面白く、人とつながる学びの深さ』吉田新一郎、新評論、2013年
・『読書家の時間――自立した読み手を育てる教え方・学び方【実践編】』プロジェクト・ワークショップ編、新評論、2014年
・『ドラマ・スキル』レスリー・クリステン／吉田新一郎訳、新評論、2003年

訳注などで紹介した本の一覧（あいうえお順）

・『いい学校の選び方――子どものニーズにどう応えるか』吉田新一郎、中公新書、2004年（絶版）

・『いっしょにできるよ』ミルドレッド・マシェダー／国際理解教育・資料情報センター編訳、国際理解教育・資料情報センター、1994年（直販）

・『いっしょに学ぼう』スーザン・ファウンテン／国際理解教育・資料情報センター編訳、国際理解教育・資料情報センター、1994年（直販）

・『イン・ザ・ミドル――ナンシー・アトウェルの教室』ナンシー・アトウェル／小坂敦子ほか編訳、三省堂、2018年

・『エンパワーメントの鍵――「組織活力」の秘密に迫る24時間ストーリー』クリスト・ノーデン・パワーズ／吉田新一郎ほか訳、実務教育出版、2000年（絶版）

・『オープニングマインド――子どもの心をひらく授業』ピーター・ジョンストン／吉田新一郎訳、新評論、2019年

・『親のためのマインドセット入門』（仮題）メアリー・ケイ・リーチほか／大内朋子ほか訳、新評論、2019年刊行予定

・『会議の技法――チームワークがひらく発想の新次元』吉田新一郎、中公新書、2000年

・『「考える力」はこうしてつける（増補版）』ジェニ・ウイルソンほか／吉田新一郎訳、新評論、2018年

・『教科書では学べない数学的思考――「ウーン」と「アハ！」から学ぶ』ジョン・メイソンほか／吉田新一郎訳、新評論、2019年

・『教科書をハックする』リリー・レント／白鳥信義ほか訳、新評論、2019年秋刊行予定

・『言葉を選ぶ、授業が変わる！』ピーター・H・ジョンストン／長

ッツェリ／井口耕二訳、日本経済新聞出版社，2016年。参照部分は、下巻の179～180ページ）
㉖ Willis, J. (2006). *Research-based strategies to ignite student learning.* Alexandria, VA: ASCD.
㉗ Wood, C. (2007). *Yardsticks: Children in the classroom ages 4–14* (3rd ed.). Turners Falls, MA: Northeast Foundation for Children.

history of innovation. New York: Riverhead Books.（『イノベーションのアイデアを生み出す七つの法則』スティーブン・ジョンソン／松浦俊輔訳、日経BP社、2013年）

⑲ Kohn, A. (1993). *Punished by rewards: The trouble with gold stars, incentive plans, A's, praise, and other bribes*. New York: Houghton Mifflin.（『報酬主義をこえて（新装版）』アルフィ・コーン／田中英史訳、法政大学出版局、2011年）

⑳ Lieber, C. L. (2009). *Getting classroom management right: Guided discipline in secondary schools*. Cambridge, MA: Educators for Social Responsibility.

㉑ Moll, L. C. (1990). *Vygotsky and education: Instructional implications and applications of sociohistorical psychology*. New York: Cambridge University Press.

㉒ Pearson, C. L., & Moomaw, W. (2005). The relationship between teacher autonomy and stress, work satisfaction, empowerment, and professionalism. *Educational Research Quarterly 29* (1), 37–53.

㉓ Pink, D. H. (2009). *Drive: The surprising truth about what motivates us*. New York: Riverhead Books.（『モチベーション3.0――持続する「やる気！（ドライブ！）」をいかに引き出すか』ダニエル・ピンク／大前研一訳、講談社、2010年）

㉔ Robinson, K. (2013, April). Ken Robinson: Escaping education's death valley [Video file]. Retrieved from http://www.ted.com/talks/ken_robinson_how_to_escape_education_s_death_valley?language=en

㉕ Schlender, B., & Tetzeli, R. (2015). *Becoming Steve Jobs: The evolution of a reckless upstart into a visionary leader*. New York: Crown Publishing Group.（『スティーブ・ジョブズ：無謀な男が真のリーダーになるまで』ブレント・シュレンダー、リック・テ

97, 47）

⑨ Denton, P. (2014). *The power of our words: Teacher language that helps children learn* (2nd ed.). Turners Falls, MA: Northeast Foundation for Children.

⑩ Dweck, C. (2006). *Mindset: The new psychology of success*. New York: Random House.（『マインドセット：「やればできる！」の研究』キャロル・ドゥエック／今西康子訳、草思社、2016年）

⑪ Dweck, C. (2007). The perils and promise of praise. *Educational Leadership, 65* (2), 34–39.

⑫ Frey, N., Fisher, D., & Everlove, S. (2009). *Productive group work: How to engage students, build teamwork, and promote understanding*. Alexandria, VA: ASCD.

⑬ Ginott, H. G. (1972). *Teacher and child: A book for parents and teachers*. New York: Macmillan.（『先生と生徒の人間関係：心が通じ合うために』ハイム・G.ギノット／久富節子訳、サイマル出版会、1982年。引用個所は、邦訳の10ページ）

⑭ Hall, P., & Simeral, A. (2015). *Teach, reflect, learn: Building your capacity for success in the classroom*. Alexandria, VA: ASCD.（引用は、p. 14）

⑮ Hattie, J., & Yates, G. C. R. (2014). *Visible learning and the science of how we learn*. New York: Routledge.（引用は、pp.26-27と pp.233-234）

⑯ Jensen, E. (2005). *Teaching with the Brain in Mind* (2nd ed). Alexandria, VA: ASCD.（引用は、p77）

⑰ Johnson, S. (2010a, July). Steven Johnson: Where good ideas come from [Video file]. Retrieved from http://www.ted.com/talks/steven_johnson_where_good_ideas_come_from?language=en

⑱ Johnson, S. (2010b). *Where good ideas come from: The natural*

参考文献一覧

① Anderson, M. (2010). *The well-balanced teacher: How to work smarter and stay sane inside the classroom and out.* Alexandria, VA: ASCD. (引用は pp 4〜5)

② Anderson, M., & Dousis, A. (2006.) *The research-ready classroom: Differentiating instruction across content areas.* Portsmouth, NH: Heinemann.

③ Brady, K., Forton, M. B., & Porter, D. 2010. *Rules in school: Teaching discipline in the responsive classroom.* Turners Falls, MA: Northeast Foundation for Children.

④ Center for Responsive Schools. (2015). *The first six weeks of school* (2nd ed.). Turners Falls, MA: Center for Responsive Schools.

⑤ Crain, W. (2011). *Theories of development: Concepts and applications* (6th ed.). Upper Saddle River, NJ: Prentice Hall. (『発達の理論』W. C.クレイン／小林芳郎、中島実共訳、田研出版、1984年。これは初版を訳したものですが、原書は第6版まで版を重ねています。)

⑥ Crowe, C. (2010). *Sammy and his behavior problems: Stories and strategies from a teacher's year.* Turners Falls, MA: Northeast Foundation for Children. (引用は、pp. 92–93)

⑦ Deci, E., with Flaste, R. (1995). *Why we do what we do: Understanding self-motivation.* New York: Penguin. (『人を伸ばす力：内発と自律のすすめ』エドワード・L・デシ，リチャード・フラスト／桜井茂男訳、新曜社，1999年)

⑧ Denton, P. (2005). *Learning through academic choice.* Turners Falls, MA: Northeast Foundation for Children. (引用は、p.208,

訳者紹介

吉田　新一郎（よしだ・しんいちろう）

まったくの異分野にいた私が教育にかかわりはじめて40年になります。この間、たくさんのことを学んできましたが、一貫して大切にしてきたことの一つが「選択」だった気がします。それほど教育とは切り離せないものだと思います。しかし、日本の学校教育にはそれがほとんど丸ごと抜け落ちています。

質問・提案などは、pro.workshop@gmail.com 宛にお願いします。

教育のプロがすすめる選択する学び

——教師の指導も、生徒の意欲も向上！——

2019年6月15日　初版第1刷発行

訳　者　吉田新一郎

発行者　武市一幸

発行所　株式会社　新評論

〒169-0051 東京都新宿区西早稲田3-16-28
http://www.shinhyoron.co.jp

TEL 03（3202）7391
FAX 03（3202）5832
振替 00160-1-113487

定価はカバーに表示してあります
落丁・乱丁本はお取り替えします

装幀　山田英春
印刷　フォレスト
製本　中永製本所

ISBN978-4-7948-1127-1
Printed in Japan

新評論　好評既刊　　あたらしい教育を考える本

S・サックシュタイン／高瀬裕人・吉田新一郎 訳

成績をハックする

評価を学びにいかす 10 の方法

成績なんて、百害あって一利なし!?「評価」や「教育」の概念を根底から見直し、「自立した学び手」を育てるための実践ガイド。

[四六並製　240 頁　2000 円　　ISBN978-4-7948-1095-3]

S・サックシュタイン+C・ハミルトン／高瀬裕人・吉田新一郎 訳

宿題をハックする

学校外でも学びを促進する 10 の方法

シュクダイと聞いただけで落ち込む…そんな思い出にさよなら！教師も子どもも笑顔になる宿題で、学びの意味をとりもどそう。

[四六並製　304 頁　2400 円　　ISBN978-4-7948-1122-6]

ダン・ロススタイン+ルース・サンタナ／吉田新一郎 訳

たった一つを変えるだけ

クラスも教師も自立する「質問づくり」

質問をすることは、人間がもっている最も重要な知的ツール。大切な質問づくりのスキルが容易に身につけられる方法を紹介！

[四六並製　292 頁　2400 円　　ISBN978-4-7948-1016-8]

ピーター・ジョンストン／吉田新一郎 訳

オープニングマインド

子どもの心をひらく授業

選ぶ言葉で授業が変わる！教室を根底から変革するには、まず教師から。教育観・社会観・人間観を刷新する画期的授業法！

[四六並製　348 頁　2500 円　　ISBN978-4-7948-1114-1]

ジョン・メイソン+ケイ・ステイスィー／吉田新一郎 訳

教科書では学べない数学的思考

「ウ〜ン！」と「アハ！」から学ぶ

算数・数学ぎらいがこの1冊で解消！生活に密着した例題を楽しみながら解くうち、いつしかあなたも論理的思考の達人！

[四六並製　314 頁　2400 円　　ISBN978-4-7948-1117-2]

＊表示価格はすべて税抜本体価格です